CIS企业形象设计

（第2版）

于佳佳　陈荣华　主　编
齐兴龙　曲　欣　副主编

清华大学出版社
北京

内 容 简 介

本书根据 CIS 企业形象设计发展的新特点，结合 CIS 企业形象设计应用操作规程，系统介绍：产品形象、服务形象、职工形象、组织形象、企业个性塑造及企业形象设计的原则和方法步骤等企业形象设计基本知识和技能，并注重体现时代精神、挖掘人文内涵、强化设计实训、提高应用能力培养。

本书内容丰富、结构合理、案例经典、通俗易懂突出实用性，因而本书既可作为高等院校本科及高职高专院校艺术设计专业的教材，也可以作为文化创意企业和广告艺术设计公司从业者的职业教育与岗位培训教材，对于广大社会自学者也是一本必备的企业形象设计基础训练指导手册。

本书封面贴有清华大学出版社防伪标签，无标签者不得销售。
版权所有，侵权必究。举报：010-62782989，beiqinquan@tup.tsinghua.edu.cn。

图书在版编目(CIP)数据

CIS 企业形象设计/于佳佳，陈荣华主编．—2 版．—北京：清华大学出版社，2022.1(2024.8 重印)
ISBN 978-7-302-54405-0

Ⅰ．①C… Ⅱ．①于… ②陈… Ⅲ．①企业形象－设计－高等学校－教材 Ⅳ．①F272-05

中国版本图书馆 CIP 数据核字(2019)第 264508 号

责任编辑：张 弛
封面设计：何凤霞
责任校对：赵琳爽
责任印制：曹婉颖

出版发行：清华大学出版社
 网　　址：https://www.tup.com.cn，https://www.wqxuetang.com
 地　　址：北京清华大学学研大厦 A 座　　邮　编：100084
 社 总 机：010-83470000　　邮　购：010-62786544
 投稿与读者服务：010-62776969，c-service@tup.tsinghua.edu.cn
 质量反馈：010-62772015，zhiliang@tup.tsinghua.edu.cn
 课件下载：https://www.tup.com.cn，010-83470410
印 装 者：三河市龙大印装有限公司
经　　销：全国新华书店
开　　本：185mm×260mm　　印　张：12.75　　字　数：306 千字
版　　次：2017 年 6 月第 1 版　2022 年 1 月第 2 版　　印　次：2024 年 8 月第 4 次印刷
定　　价：59.00 元

产品编号：082652-01

编审委员会

主　　　任：牟惟仲

副　主　任：

　　　　　　冀俊杰　张昌连　林　征　李振宇　张震甫　车亚军
　　　　　　张建国　张云龙　张红松　鲁彦娟　田小梅　齐兴龙

委　　　员：

　　　　　　吴晓慧　孟祥玲　梁玉清　李建淼　王　爽　张　燕
　　　　　　温丽华　翟绿绮　张玉新　曲　欣　周　晖　鞠海凤
　　　　　　于佳佳　马继兴　白　波　赵盼超　田　园　梅　申
　　　　　　赵维平　张春玲　贺　娜　于静霞　徐　芳　姚　欣
　　　　　　齐兴龙　王洪瑞　张　宇　孙　薇　逄京海　李连壁
　　　　　　王桂霞　罗佩华　陈荣华　王梦莎　朱　磊　赵　红

主　　　编：李大军

副　主　编：赵维平　孟宪德　李建淼　曲　欣　孟祥玲　田　园

专　家　组：张红松　田卫平　张云龙　崔德群　赵维平　鲁彦娟

序言

　　随着我国改革开放进程的加快和市场经济的快速发展,广告、艺术设计产业也在迅速发展。

　　1979年中国广告业从零开始,经历了起步、快速发展、高速增长等阶段,我国广告、艺术设计业已跻身世界前列。商品促销离不开广告、企业形象也需要广告宣传,市场经济发展与广告业密不可分。广告不仅是国民经济发展的"晴雨表"、社会精神文明建设的"风向标",也是构建社会主义和谐社会的"助推器"。由于历史原因,我国广告艺术设计业起步晚但是发展飞快,目前广告行业中受过正规专业教育的从业人员严重不足,使得中国广告艺术设计作品难以在世界上拔得头筹。广告设计专业人才缺乏,已经成为制约中国广告设计事业发展的主要瓶颈。

　　近年来,随着"一带一路、互联互通"经济建设的快速推进,随着世界经济的高度融合和中国经济国际化的发展,我国广告设计业面临着全球广告市场的激烈竞争,随着世界经济发达国家广告设计观念、产品营销、运营方式、管理手段及新媒体和网络广告的出现,我国广告艺术设计从业者急需更新观念、提高专业技术应用能力与服务水平、提升业务质量与道德素质。广告艺术设计行业和企业也在呼唤"有知识、懂管理、会操作、能执行"的专业实用型人才。加强广告设计业经营管理模式的创新、加速广告艺术设计专业技能型人才培养已成为当前亟待解决的问题。

　　党和国家高度重视文化创意产业的发展,党的十七届六中全会明确提出"文化强国"的长远战略、发展壮大包括广告业在内的传统文化产业,迎来文化创意产业大发展的最佳时期;政府加大投入、鼓励新兴产业、发展创意文化、打造精品文化品牌、消除壁垒、完善市场准入制度,积极扶持文化产业进军国际市场。结合中国共产党第十九次代表大会"坚定文化自信推动社会主义文化繁荣兴盛"的号召和"激发全民族文化创新创造活力,建设社会主义文化强国"的目标,国内相关企业应扩大内需、发展实体经济,对做好广告艺术设计工作提出新的更高要求。

　　当前针对我国高等教育"广告和艺术设计"专业知识老化、教材陈旧、重理论轻实践、缺乏实际操作技能训练等问题,为适应社会就业需要、为满足日益增长的文化创意市场需求，我们组织多年从事广告艺术设计教学与创作实践活动的国内知名专家教授及广告设计企业精英共同精心编撰了本套教材，旨在迅速提高大学生和广告设计从业者的专业技能素质，更好地服务于我国已经实现规模化发展的文化创意事业。

本套系列教材在吸收国内外广告和艺术设计界权威专家学者最新科研成果的基础上，融入了广告设计运营与管理的最新实践教学理念；依照广告设计的基本过程和规律，根据广告业发展的新形势和新特点，全面贯彻国家新近颁布实施的广告法律法规和行业管理规定；按照广告和艺术设计企业对用人的需求模式，结合解决学生就业、加强职业教育的实际要求；注重校企结合、贴近行业企业业务实际，强化理论与实践的紧密结合；注重管理方法、运作能力、实践技能与岗位应用的培养训练，并注重教学内容和教材结构的创新。

本套系列教材包括：《广告学概论》《广告设计》《广告策划》《广告法律法规》《会展广告》《字体设计》《版式设计》《包装设计》《企业形象设计》《招贴设计》《会展设计》《书籍装帧设计》等书。本系列教材的出版，对帮助学生尽快熟悉广告设计操作规程与业务管理、对帮助学生毕业后能够顺利走上社会岗位就业具有特殊意义。

丛书编委会

2021 年 5 月

前言

广告艺术设计制作业作为国家文化创意产业的核心支柱产业，在国际商务交往、推进影视传媒会展发展、促进产业转型、丰富社会生活、拉动内需、解决就业、推动经济发展、构建和谐社会、弘扬古老中华文化等方面发挥着越来越大的作用，已经成为我国文化创意经济发展的重要产业和全球经济发展中最具活力的绿色朝阳产业。

CIS 企业形象设计是一门集企业经营管理学、工艺设计学、语言学、美学、行为学等多学科理论、方法于一体的艺术性很强的学科，企业形象设计与应用既是广告设计专业非常重要的核心专业课程，也是相关从业者必须掌握的重要知识和关键技能。

随着全球文化创意经济的快速发展、面对设计业的激烈市场竞争，加速企业形象设计专业人才培养，已成为当前亟待解决的问题。为满足日益增长的市场需求，为了培养社会急需的广告艺术设计专业技能型应用人才，我们组织多年在一线从事企业形象设计教学和创作实践活动的专家教授共同精心编撰了此教材，旨在迅速提高设计从业者的专业素质，更好地服务于我国的设计事业。

自本书第 1 版 2009 年出版以来，因写作质量高、突出应用能力培养，而深受全国各高等院校广大师生的欢迎，目前已经多次重印。此次再版，结合党的十九大报告为文化创意产业发展指明的方向，作者慎重地对原教材进行了反复论证、精心设计，包括：结构调整、更新补充新知识、增加技能训练等，以使其更贴近现代文化产业发展实际，更好地为国家文化产业繁荣和教学实践服务。

本书作为高等教育广告和艺术设计专业的特色教材，坚持以科学发展观为统领，强调将 CIS 企业形象设计理论教学与应用实践相互融合，注重启迪开发学生设计思维的创造性、注重训练和培养学生设计制作与表现的动手能力；本书的出版，对帮助学生尽快熟悉 CIS 企业形象设计与应用操作规程、毕业后能够顺利就业具有特殊意义。

全书共分七章，以学习者应用能力培养为主线，根据国内外企业形象设计发展的新特点，结合企业形象设计应用操作规程，系统介绍：产品形象、服务形象、职工形象、组织形象、企业个性塑造及企业形象设计的原则和方法步骤等基本知识和技能,并注重体现时代精神、挖掘深蕴的人文内涵、强化设计实训、提高应用能力培养。

本书由李大军任总编,筹划并具体组织,于佳佳和陈荣华主编,于佳佳统改稿,齐兴龙、曲欣为副主编,由具有丰富企业形象设计教学和实践经验的温丽华教授审定。作者写作分工:牟惟仲(序言)、陈荣华(第一章、第七章)、于佳佳(第二章、第五章)、张玉新(第三章)、曲欣(第四章)、齐兴龙(第六章)、李建淼、李晓新(文字修改、版式整理、制作教学课件)。

在本书再版过程中,我们参阅了大量国内外有关CIS企业形象设计的最新书刊、相关网站资料,精选收录了具有典型意义的中外优秀作品,并得到业界有关专家教授的具体指导,在此一并致谢。为配合教学,特提供配套电子课件,读者可以从清华大学出版社网站(www.tup.com.cn)或扫描下方二维码免费下载使用。因设计制作产业发展快且作者水平有限,书中难免存在疏漏和不足,恳请专家、同行和广大读者批评指正。

编　者
2021年6月

本书教学课件

目录

第一章 CIS 企业形象设计概述 001
- 003 第一节 对企业形象设计的解读
- 006 第二节 CI 的功能与特征
- 009 第三节 CI 战略在现代企业中的价值
- 011 第四节 企业识别系统的到来
- 015 第五节 企业识别系统的导入

第二章 CI 战略的历史沿革与发展趋势 023
- 025 第一节 CI 战略概述
- 029 第二节 国外 CI 战略模式
- 034 第三节 中国型 CI 战略模式
- 040 第四节 大数据时代下 CI 的新发展

第三章 企业形象理念的铸造 045
- 046 第一节 企业的使命
- 048 第二节 企业的价值观
- 051 第三节 企业的离心力与向心力及准则
- 052 第四节 企业的个性化

第四章 企业形象设计的原则 059
- 061 第一节 同一性
- 063 第二节 差异性
- 064 第三节 民族性
- 064 第四节 有效性
- 065 第五节 象征性
- 068 第六节 版面编排模式

第五章　企业形象设计的基础系统　073

075	第一节	标志设计
089	第二节	标准字设计
096	第三节	标志色彩设计
100	第四节	辅助图形设计
104	第五节	吉祥物设计

第六章　企业形象设计的应用系统　111

113	第一节	办公事务用品类
117	第二节	标示系统
126	第三节	环境系统
130	第四节	包装系统
133	第五节	服装、服饰系统
135	第六节	交通系统
138	第七节	展示系统
143	第八节	广告媒体系统

第七章　企业形象设计的程序　157

158	第一节	企业的命名
168	第二节	设计开发前期准备
176	第三节	市场调研
185	第四节	确立项目实施

参考文献　192

第一章 CIS 企业形象设计概述

1. 了解形象、企业形象的概念。
2. 了解和掌握企业形象的特征及类型。
3. 掌握企业形象的价值与功能,并深入解析中国企业形象发展的未来趋势。

企业形象、企业识别系统、CI 导入

计算机行业巨头——IBM 公司导入技术

IBM 是全球 IT 第一大巨头,在过去半个多世纪遥遥领先,与第二名拉开极大的距离,人称"蓝色巨人"。IBM 无论在美国,还是在世界上,都取得了极大的成功,有着极其深远的影响。IBM 的历史就是一部计算机的历史,IBM 就是计算机的代名词。

美国《时代》周刊称:IBM 的企业精神是人类有史以来无人堪与匹敌的。没有任何企业会像 IBM 公司这样给世界产业和人类生活方式带来如此巨大的影响。

IBM 公司是世界上第一家真正意义上导入 CI 并逐步将 CI 系统发展完善的公司,其作用重大意义深远。第二次世界大战后,随着国际经济的复苏以及工商业的蓬勃发展,建立统一的形象识别系统,塑造独特的企业理念,日益受到广泛重视。

IBM 公司于 1956 年引进 CI 构想,当时的 IBM 公司总裁小汤姆森·沃森(Thomas Watson Jr.)认为,必须在世界计算机行业树立引人注目的

IBM 形象。这个形象的灵魂是公司奉行的开拓及创新精神。于是，他的设计顾问提出："透过一些设计来传达 IBM 的特点，使公司的设计应用统一化"，并且把美国著名设计师保罗·德兰推荐给 IBM 公司。

保罗·兰德把 IBM 公司（INTERNATIONAL BUSINESS MACHNES）缩写为 IBM 并设计出一直沿用至今的企业标志——IBM 黑体字（见图 1-1）。在近 40 年时间内，这个简洁的设计，通常简称为"8 条标志"的设计一直未变，成为最著名的标志之一，在全球范围内被广泛模仿。1976 年，保罗又为 IBM 公司设计了 8 条纹与 13 条纹两种变体标志，并选定标准色为蓝色（见图 1-1 和图 1-2）。

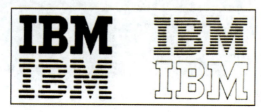

图 1-1　保罗·兰德设计的 IBM 两种变体标志

图 1-2　IBM 标志的"蓝色巨人"标志（图片来源：IBM 官网）

后来 IBM 公司利用一切可以利用的项目，传达 IBM 的优点和特色，并在与公司有关的一切物品——办公用品、员工服装、公司车辆和广告，统一化使用、标准化设计，并通过技术创新、产品设计和生产，以及优秀的售后服务，体现"IBM 就是服务"的理念。最终使 IBM 公司成为公众信任的计算机界的"蓝色巨人"。IBM 标识的变化是 20 世纪 90 年代品牌发展伟大的成就之一。IBM 由古板自负的庞然大物成功转变成为电子商务的代名词。

案例解析：

IBM 公司通过设计塑造企业形象，成为美国公众信任的"蓝巨人"，并在美国计算机行业占据了非常显赫的霸主地位。随着 IBM 公司导入 CIS 的成功，美国的许多公司纷纷仿效，如东方航空公司、西屋电气公司、3M 公司。而且导入 CIS 的企业纷纷刷新经营绩效，如克莱斯勒公司 20 世纪 60 年代初一下子把市场占有率提高了 18%，东方航空公司原濒临破产，结果又起死回生。

从该案例中可以看出，企业形象是真实反映企业的精神文化，是企业内外对企业的整体感觉和认知，是一个企业综合状况的反映。信息化社会的到来，让企业面临更多的挑战和机遇，企业形象设计和 CI 的导入，对企业的发展起到重要的推动作用。

（资料来源：http://blog.sina.com.cn/s/blog_d4580f860102vfwd.html）

企业形象能否真实反映企业的精神文化,以及能否被社会各界和公众舆论所理解和接受,在很大程度上取决于企业自身的主观努力。企业形象是企业内外对企业的整体感觉、印象和认知,是企业状况的综合反映。

第一节　对企业形象设计的解读

企业形象在当今信息化社会已不是一个陌生的字眼。作为社会形象的有机组成部分,企业形象已经渗透到我们生活的方方面面,随时随地影响着我们的思维、情感和消费能力。一个耳熟能详的企业及其品牌名称或者标识,总能触动你的情感,引发你无限的想象,影响着你的购物决策。

一、形象的定义

形象在《现代汉语词典》中的解释是"能引起人的思想或情感活动的具体形状或姿态"。即形象本身既是主观的,又是客观的。其主观性是因为人的思想和情感活动是主观的,而客观性是因为形象是事物本身存在的具体形状或姿态,是事物的客观存在,是不以人的主观评价为转移的。因此,形象就是心理学上所说的"知觉",即通过各种感觉的再现,人们通过视、听、触觉等感觉事物,在大脑中形成一个关于事物整体印象的知觉,即"形象"。

形象一词有其极为丰富的内涵和外延。由于现实事物本身的千差万别,形象的内涵表现也会极为生动、具体、复杂多变。由于诸多事物都会引发人的思想和感情波动,也就产生了人们对诸多事物的印象和评价,使形象的外延极为广阔。就人类社会来讲,小到一个人,一个家庭;中到一个组织,一个团体;大到一个地区,一个民族,一个国家,都有其自身独有的形象。

企业作为一种以赢利为目的的社会生产经营组织,必然有其独特的形象:或卓越优异;或平凡普通;或真善美;或假恶丑;或美名远扬;或默默无闻……良好的企业形象可以使企业在市场竞争中处于有利地位,受益无穷;而平庸乃至恶劣的企业形象无疑会使企业在生产经营中举步维艰,贻害无穷。

二、企业形象的定义

企业形象是指人们通过企业的各种标志(如产品特点、营销策略、人员风格等)建立起来的对企业的总体印象。企业形象是企业精神文化的一种外在表现形式,是社会公众与企业接触交往过程中所感受到的总体印象,这种印象通过人体的感官传递获得。

企业形象英文全称为"Corporate Identity",缩写为"CI"。它是由理念 MI(Mind Identity,识别系统)、BI(Behavior Identity,行为识别系统)以及 VI(Visual Identity,视觉识别系统),三者有机整合运作而构成。"corporate"意为社团的、法人的、公司的、共同的、全体的,在此特指企业;"identity"意为同一性、身份、一致、个性、特性,在此特指识别;CI 的字面意思是团体的统一性和个性,常译为"企业识别""机构识别系统"或"企业形象统一战略"。

CI 这一概念最初由美国著名设计大师雷蒙德·罗维等人在 20 世纪 30 年代提出,并把按照这个观念设计而成的系统化作业称之为 CIS,雷蒙德·罗维是第一个在《时代》周刊刊登封面的设计师,他的很多设计如 TIME 封面设计、可口可乐瓶包装设计都家喻户晓(见图 1-3 和图 1-4)。

图 1-3　雷蒙德·罗维《时代》周刊封面设计师

图 1-4　雷蒙德·罗维设计的可口可乐瓶包装(图片来源:普象设计及小站官网)

雷蒙德·罗维——设计无处不在

雷蒙德·罗维,法国人,美国设计师,1949 年《时代》杂志的封面人物,首开工业设计的先河。他一生跌宕起伏,职业生涯恢宏又多彩。其设计数目众多,范围广泛:大到飞机、轮船、火车、宇宙飞船和空间站;小到邮票、口红、标志和可口可乐瓶子。《纽约时报》曾评论到:毫不夸张,罗维先生塑造了现代世界的形象。

雷蒙德·罗维一生从事工业产品设计、包装设计及平面设计(特别是企业形象设计),参与的设计项目达数千个。他奉行"流线、简单化"的设计理念,即"由功用与简约彰显产品的美丽",并带动流线型的设计,将一切设计趋于流线化、简单化。从可口可乐的瓶子到美国宇航局的"空中实验室"计划,从香烟盒到"协和式"飞机的内舱,所设计的内容极为广泛,代表了第一代美国工业设计师那种无所不为的特点,并取得了惊人的商业效益。

如图 1-5 所示,1937 年雷蒙德·罗维与宾夕法尼亚州铁路建立合作,共同设计了几款著名的火车车型(包括电力 GG1,K4s Pacific # 3768 型,T1(引擎),S1)。可以说美国人的生活都离不开罗维的作品。他是无可争辩的 20 世纪最具影响力的设计者之一。他的设计贯穿了美国人生活的方方面面,从家庭产品到运输工具,再到企业标识。

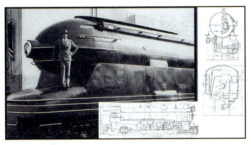 

图1-5 雷蒙德·罗维为宾夕法尼亚州铁路设计的K45/S-1机车（图片来源：普象工业设计小站官网）

据统计，在最高峰的时候，有75%的美国人每天都在使用他所设计的产品。他宣扬设计促进营销的新理念，认为设计师追求的不应当是单纯的设计哲学和设计理念，而应当是设计的市场效益。他说："对我来说，最美丽的曲线是销售额上升的曲线"。

（资料来源：https://baike.baidu.com/）

第二次世界大战结束以后，欧美的一些企业家渐渐发觉，除了人、财、物等经营条件之外，企业形象也是一项具体而又重要的经营要素。企业形象问题开始受到重视，形成了一个研究企业形象战略方法的新领域，并且先后出现了企业设计（Corporate Design）、企业容貌（Corporate Look）、独特设计（Specific Design）以及设计策略（Design Policy）等不同的术语，后来逐渐形成共识，统一称为企业形象识别（Corporate Identity，CI）。

三、不同学科对CI的解读

半个多世纪以来，国内外许多实施CI的机构、不同学科的专家学者们对CI的解释或者说定义是多样的，具有代表性的主要有以下六种。

（1）CI是一种改善企业形象，有效提升企业形象的经营技法。

（2）CI是一种明确地认识理念与企业文化的活动。

（3）CI是标识字和商标作为沟通企业理念与企业文化的工具。

（4）CI是重新检讨公司的运动。

（5）CI是整合关于企业本身的性质与特色的信息传播工具。

（6）CI是将企业经营理念与精神文化，运用整体传达系统特别是视觉传达设计，传达给企业周围的关系者或团体（包括企业内部人员与社会公众），并使其对企业产生一致的认同感与价值观。

日本著名CI专业设计顾问公司PAOS的领军人物中西元男先生在编著《经营策略设计统合》时对CI做了如下定义：意图地、计划地、战略地展现出企业所希望的形象；对本身来说，通过公司内外来产生最佳的经营环境，这种观念和手法就叫作CI。因此，CI与CIS总体来说是同一基本概念，口语中常将二者统称为CI。事实上，从CI到CIS有一个自我演进和阶段发展的完善过程。

第二节 CI 的功能与特征

CI 通过对 MI、BI 和 VI 的协调统合,对内可以强化群体意识,增强企业的向心力和凝聚力。同时,通过标准化、系统化的规范管理,还可以改善企业体质,增强适应能力。对外可使社会大众更明晰地认知该企业,建立起鲜明统一的企业形象,为企业的未来发展创造整体竞争优势。

一、CI 的功能

企业实施 CI 战略,往往能使企业组织在各方面发生积极的变化,从而综合作用于企业的相关组织和个人,产生全方位的功效。CI 的功能主要表现在以下几个方面。

(一)识别功能

CI 最基本的功能就是识别,从理念、行为与视觉等多角度,通过差异化标识与统一化传播,令传播对象感知、识别并接受企业形象(或产品服务),使企业形象区别于其竞争对手。例如,新加坡推出的"心想狮城"旅游品牌标志,就是针对国际受众的营销和路演活动,通过多种形式和渠道来建立新加坡城市统一化的形象识别系统,并借此巩固新加坡旅游城市现代化、国际化的视觉形象(见图 1-6)。

图 1-6　新加坡"心想狮城"旅游品牌推广(图片来源:设计圈官网)

(二)传播功能

CI 的信息传递过程,不仅仅凭独特的、具有强烈感染力的视觉符号去刺激公众的感官,而且强调将具体可视的外观形象与抽象的内涵理念汇成一体,将附加的文化价值、浓郁的情感传递给社会公众。视觉识别系统越是接近人类的感性认知,所传递的企业价值、文化、风格就越能博得社会公众的信赖与赞誉。

如图 1-7 和图 1-8 所示,联想集团支持国际奥林匹克委员会全球合作伙伴所进行的展示设计,通过规范化的视觉设计,结合日新月异的视觉传播媒介,开发视觉符号化的设计系统以传达企业的经营理念,是提高企业和产品知名度最有效的方法。

(三)应变功能

在瞬息万变的市场环境中,企业要随机应变,"变"(变化性)是绝对的,"不变"(稳定性)是相对的。企业导入 CI 能促使企业对外传播具有足够的应变能力,产品更新可以随市场变

图1-7 联想集团成为国际奥委会全球合作伙伴

图1-8 奥运村国际区联想网吧
（图片来源：联想集团官网）

化应用于各种不同的产品，如图1-9所示，全球最大视频分享网站YouTube最近刚刚更换了全新的Logo，这是十几年来变化最大的一次。

2017年8月29日，YouTube在自己的官方博客发布，新版客户端正式上线，除了加入不少的新功能之外，还将沿用了十几年的Logo也进行了调整。此次换新是YouTube十几年来标识改动最大的一次。新的Logo把红色播放按钮放在了左侧，文字以全黑字体放在右边。总体来说，这是一次完美的演变，充分体现了消费媒体的特点。

图1-9 YouTube视频分享网站的新Logo（图片来源：YouTube视频官网）

二、CI的特征

企业CI战略是一种超越传统观念的企业形象整体战略，是企业总体战略的一个重要组成部分。作为现代企业持续发展的有利武器，CI具有系统性、统一性、差异性、传播性、稳定性、操作性、动态性等特点。

（一）客观性和主观性

企业形象既是客观的，又是真实的。企业形象的真实性体现在企业的现象真实和本质真实两个方面。所谓企业的现象真实，主要是指企业的名称、地点、经营的产品、产品的商标、产品的质量、服务信誉、企业的资产、企业的房屋等，都应该是看得见、摸得着的，是真实可信的。

如果一个企业在现象上都做不到真实可靠，就毫无企业形象可言了。那种既无固定经营地点、经营产品，又无经营资本，到处招摇撞骗的皮包公司，绝不可能生存和发展下去。如

图 1-10 所示为山寨商品与品牌商品之间的对比,山寨品牌无非是为了借名牌造势,混淆视听,还有点儿欺骗消费者的意思,但是假货毕竟是假货,永远都不会成为名牌。

图 1-10　山寨商品与品牌商品比较(图片来源:中国工商网)

(二) 整体性和层次性

一方面,企业形象是由企业内部诸多因素构成的统一体,是一个完整的有机整体,具有整体性的特征。要素中的形象如企业员工的形象、产品或服务的形象之间具有内在的必然联系。构成企业形象的每一个要素的表现好坏,必然会影响到整体的企业形象。因此,在企业形象形成过程中,应把企业形象贯彻和体现在经营管理思想、决策以及经营管理活动之中,从企业的外部形象和内在精神的方方面面体现出来,依靠全体员工的共同努力,使企业形象的塑造成为大家的自觉行为。

企业形象层次性可分为物质性、社会性和精神性三个方面。物质方面的企业形象主要包括:企业的办公大楼、生产车间、设备设施、产品质量、绿化园林、点缀装饰、团体徽记、地理位置、资金实力等。在社会方面的企业形象中,企业与公众的关系最为重要。协调好企业和公众之间的关系是塑造企业良好形象的有效途径。精神方面的企业形象包括企业的信念、精神、经营理念及企业文化等。富有生气和活力的企业,必然通过企业的精神形象表现出来。

此外,良好的人员素质与和谐的工作氛围也是企业形象精神方面的内容。如图 1-11 所示为阿里巴巴集团企业文化墙。阿里巴巴集团日常非常重视培养员工的企业文化意识,在内部始终保持一定的竞争压力,在提倡团队合作的基础上,让员工充分发挥自己的能力和创造性,建立企业归属感与责任感,这有利于与员工之间建立和谐融洽的健康管理机制。

图 1-11　阿里巴巴企业文化墙(图片来源:阿里巴巴官网)

（三）对象性与传播性

企业信息的传播性可以分为直接传播和间接传播两种形式。直接传播是指企业在其经营活动中，其有关信息可直接为外界所感知。如企业建筑、办公营业场所、产品展览陈列、企业标识、员工行为等。这些信息向周围公众传递着客观、真实的企业形象。企业产品的消费者和用户更是企业产品信息的直接传播者，他们对产品的印象和评价，最终形成了企业的产品形象。

间接传播是指企业有意通过各种专门中间媒介物所进行的传播。专门媒介物包括：印刷媒介如报纸、杂志及企业为树立形象所印制的各种可视品；电子媒介如电视、广播、电影、霓虹灯等；户外媒介如竖立在繁华地段、交通要道旁的各种形象广告牌等。

企业借助大众传媒，运用广告和宣传报告的形式，可以及时有效地发送企业信息；介绍企业实态；扩大企业知名度；消除公众误解；增进公众对企业的了解与沟通，如图 1-12 所示为国产知名品牌华为手机在赞比亚街头的户外广告牌展示。

图 1-12　华为手机户外广告牌在赞比亚街头展示（图片来源：中国品牌网）

第三节　CI 战略在现代企业中的价值

在当今纷繁复杂、瞬息万变的经济环境中，企业形象的好坏已经成为企业生命的一个决定因素。CI 设计在以视觉为主导的信息沟通中，对企业形象的塑造有巨大的价值，是企业极其重要的无形资产。

一、企业战略与形象的内在关系

企业在发展过程中会随着环境的变迁、社会价值观的改变，重新定位、调整经营理念，塑造新的企业形象。这正是 CI 战略的任务所在，即不断使企业调整自己来适应环境的变化和发展的需要，以求企业、社会和自然达到一种平衡状态。不管对于哪个品牌而言，在其成长过程中，都会对自己的品牌 Logo 或广告语进行调整和改变，以更符合当下的品牌定位，给用户带来不一样的感受和体验。

2017 年 5 月 23 日天猫品牌升级发布会上，天猫标语正式对外更新为"理想生活上天猫"，相对之前"上天猫就够了"变得更加聚焦。天猫联合阿里研究院，全球顶尖的波士顿咨询公司，通过对自身消费者大数据的分析和对中国消费趋势的洞察和把握，将当下的五种最突出的消费趋势：单身消费主义，智能生活消费，绿色健康消费，兴趣爱好消费，跨年龄和性别消费分别进行了提炼和总结，提出五个关键词"独乐自在""无微不至""乐活绿动""玩物立志""人设自由"（见图1-13）。

天猫希望从一个卖货平台的形象逐渐升级成为一个理想生活方式的倡导者形象，通过倡导丰富、多元、理想的生活方式来引领中国消费者的消费升级。

图1-13　天猫广告语更名为"理想生活上天猫"（图片来源：天猫UED官网）

二、企业形象塑造与品牌价值提升

现代社会中，社会时尚和风格急速变化，消费者的文化品位不断提升，消费形态逐渐分化，消费需求及心理诉求更加多元化，消费者对商品的满足不止停留在基本功能上，商品所具备的精神内涵成为消费者追逐的主要目标。因此，企业形象和品牌形象也成为消费者在选择商品时的基本参考。企业应通过提升企业品牌形象来传递企业或产品的基本功能和文化价值。

还记得新华书店是什么样子吗？熟悉的红白配，多少年来都是这个味儿。毛主席曾亲笔写下"新华书店"这飘逸的四个大字，怎么看都是实力的象征。但是，河北省保定市新开了一家全新形象的新华书店，让人为之一振。这个以"新鲜空气"为主题的新华书店获得了2017年度德国红点奖的至尊奖。该书店一改以往的装修风格变成了简约复古风，以木材质的设计，来表达简单、宁静、谦卑而低调的视觉环境（见图1-14）。

事实上，现在很多大型企业因为形象发展跟不上时代的变化，借助于CI战略这一系统手段，就能够有效地改变这一状况，新华书店新店面的建立就是一个很好的例子。

图1-14　河北省保定市新华书店新店面设计（图片来源：河北新华书店官网）

三、CI 价值的体现

企业通过产品品牌形象，传递企业或产品的功能和文化价值，商品中的精神性价值，也是商品的"软价值"。这些"软价值"是附加在商品基本功能之上的价值，也称为附加价值，它是通过产品的品牌形象和企业形象加以体现的。

（一）制定企业与管理的标准

CI 总结和提升企业的历史、信仰、所有权、技术、文化、人员素质等，制定了企业从经营思想、行为规范到视觉识别的一整套完整的经营管理标准，丰富完善了企业的经营战略和发展规划，从系统的角度保证了企业发展的一致性。

（二）确立企业与产品的定位

CI 不仅仅是企业自我意识的表现，它从一开始就将企业与市场紧紧地联系在一起。它根据企业及产品的内在特征，确定其市场定位，并通过理念、行为、视觉三个层次充分地表现出来。

（三）创造企业文化的作用

CI 从理念层次使企业员工的思想、意识和价值观统一于企业的目标之下。企业文化的最大作用就是通过非法则、非制度的手段，使员工的工作目标和企业目标相一致，使企业增强凝聚力、吸引力，使企业成员团结在组织内，形成对外的强大力量。

（四）保证企业与宣传的统一

由于 CI 制定了一套完整的行为识别、视觉识别规范，使企业在其内外的信息传递和广告宣传上具有很好的一致性。因此企业可以花较少的费用、时间、精力，取得较好的宣传效果。

（五）提高企业与品牌的价值

CI 的最终目的是通过提高企业形象来增强企业的知名度，提高产品的竞争力。通过实施 CI，改善产品形象，也使产品在市场竞争中能够争取优势，有利于在消费者心目中建立起良好的品牌偏好。

第四节　企业识别系统的到来

我们生活的社会正以前所未有的速度大步迈进成熟的新时代，这是一个信息泛滥的社会。传播技术高度发达，人们每天都要面对各种信息传播媒体的层层包围和狂轰滥炸。因此，如何在激烈的信息浪潮冲击下，保有企业和商品自身的个性特征，不要被信息的汪洋大海所淹没，是企业得以生存下去的关键所在。但是，信息化社会也给企业宣传自己和商品创造带来了前所未有的机会，可谓机会与压力共存。此时企业更需要的是有效的传播策略，需要与其他企业有明显的差别，需要创造一种能表现企业经营理念的独特形象，来强化社会大众对企业的认知，树立良好的形象，因此企业识别系统应运而生。

一、企业识别系统的定义

所谓企业识别系统,是企业(或一个社会机构)为塑造自身形象,通过统一的视觉设计建立起的整体传达沟通系统。20世纪美国人第一次提出了企业识别系统这一词汇,企业第一次被赋予了生命与人格,成为社会生活中活的生命体。

20世纪70年代初的日本,将以视觉设计为中心的CI思想提升到了企业存在意识的战略高度,并将所谓MI理论识别(Mind Identity)、BI行为识别(Behaviour Identity)的内容结合日本国情融入CI设计之中,由此引申出了新的CI体系,将系统化设计与推广设计并称为CIS(Corporate Identity System)(见图1-15)。每一套CIS都是该企业在社会中的坐标。CIS的设计理论对曾经经济不发达企业普遍缺乏视觉形象设计的地区非常有效,可以通过一次系统深入的设计使企业初步武装起来,不再是一盘散沙。

 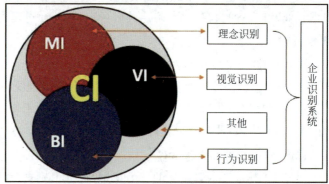

图1-15　企业识别系统构成图(图片来源:视觉.me网站)

二、对企业识别系统的解读

企业识别系统是企业关系者对企业整体的感觉、印象和认识。所谓企业关系者主要有:消费者、客户、股东、投资者、内部员工、希望就职者、地区居民、金融机构、原材料供应者、大众传播媒介、记者、政府、地区公共团体等。鉴于企业形象一词的多义性,一句简短的语言难以概括其丰富的含义,我们将这些含义综合起来作一个较全面的诠释。

(一)认识意义上的企业识别

表明企业自身的身份与性质。例如,看到"耐克""可口可乐"两个标志时,便会想到前者是运动服装,后者是饮料(见图1-16)。

(二)传播意义上的企业识别

对内表明一个组织内部的某种同一性;对外表示本组织的个性存在,以及区别于其他的差异性。例如,红十字国际委员会标识,红十字国际委员会是一个独立、中立的组织,1863年创立于日内瓦,其人道职责主要源自1949年《日内瓦公约》。该组织总部设在瑞士日内瓦,在全球80多个国家共有大约1.3万名员工;资金主要来自于各国政府以及国家红十字会和红新月会的自愿捐赠。宗旨是为战争和武装暴力的受害者提供人道保护和援助。现行的1949年8月12日四项日内瓦公约,正式承认三种战地救护识别标志,即红十字、红新月、红

图 1-16　耐克标识与可口可乐标识（图片来源：视觉.me 网站）

狮与太阳。

1982 年，红狮与太阳标志被取消。武装部队医疗部门在战地服务过程中，使用这类标志标明所属的医疗器材、人员、车辆、船只、飞行器、房舍等都受到日内瓦公约的保护，不得随意受攻击（见图 1-17）。

图 1-17　红十字国际委员会标识（图片来源：中国红十字会官网）

（三）社会意义上的企业识别

表明个体意识到自己归属于某一种群体，思想意识、行为等都要服从制度，从而使这一群体中的个体互相沟通和认同，相互协作与支持。例如：企业的连锁店、子公司与总公司的关系。如图 1-18 所示为联合利华公司与其子公司品牌标识。

图 1-18　联合利华集团公司旗下品牌标识（图片来源：联合利华中国区官网）

联合利华即联合利华集团，是由荷兰 Margarine Unie 人造奶油公司和英国 Lever Brothers 香皂公司于 1929 年合并而成。总部设于荷兰鹿特丹和英国伦敦，分别负责食品及洗涤用品事业的经营。在中国地区 2018 年所经营的饮食策划类品牌有 Knorr（家乐）、Lipton（立顿）、Wall's（和路雪）、Skippy（四季宝）等。在全球个人护理用品的主要品牌有 Dove（多芬）、Lux（力士）、Ponds（旁氏）、Clear（清扬）、Rexona（舒耐）、Sunsilk（夏士莲）、Vanseline（凡士林）等。

企业识别系统

20世纪60年代中期,对于这种崭新的战略在名称上、概念上都还没有形成共识,有的将其称为产业规划(Industrial Desin),有的称为企业设计(Corporate Desin),或者企业形貌(Corporate Look),特殊规划(Specific Desin),设计政策(Desin Policy)等。到后来才有了统一的名称:Corporate Identity,即CI。

企业识别系统CIS(Corporate Identity System,以下简称为CIS)作为当前企业竞争的有力武器,已被越来越多的商家所采用。然而,在我们从事管理顾问服务的过程中发现,虽然目前国内不少企业争先恐后地导入CIS,但其实施和导入CIS的效果并不尽如人意。

造成这种现状的原因有多方面,其中最根本的原因在于我国还有相当一批企业对CI战略的认识和实践存在误区。特别是行为识别系统的推行不力,导致众多企业CI战略的短期化甚至失败。为了正确及有效地为中国的企业服务,我们必须正确认识CIS并加以运用。

(资料来源:https://baike.baidu.com/item/%E4%BC%81%E4%B8%9A%E8%AF%86%E5%88%AB%E7%B3%BB%E7%BB%9F/9433378?fr=aladdin)

三、企业识别与品牌识别的区别

在日本的企业识别理论之后又逐渐发展出了品牌价值(Bpaul Rand Equity)理论。20世纪90年代以来大动荡的社会经济环境将泡沫经济的神话彻底粉碎,计算机网络技术的使用带来传统信息传播方式的革命。

一方面信息的传播越来越趋于互动的方式;而另一方面公司机构间的大量合并分化也打破了企业追求永恒的主观梦想;同时,无论是消费者还是具有更广泛意义的生活者,其价值观都发生着巨大的变化,市场更加趋向于细分化。

这些种种变化导致他们渐渐站到了主导企业的位置上,企业以产品对象的视点构筑、维护他们心目中的品牌成为首要任务,而企业发展变为从属于这个主体的次要宣传角色,这就是企业识别与品牌识别的差别之关键。

(一)系统识别设计从多个方面创造利润

(1)改善了内部、外部形象会促进销售创造直接效益。

(2)清晰明确、标准化的工作管理方式会降低成本、提高效率、从而增加利润。

(3)提高企业知名度,吸引更多客户,扩展消费对象群。

(4)吸引人才,提升企业水准。

(5)鼓舞员工士气、提高工作效率、从而节约成本开支。

(6)降低设计制作、宣传广告成本,因为统一的设计体系会使分散、杂乱的宣传项目及资金投入趋于规范化、合理化、节约化。

(7)减少错误、重复投入的现象,从另一方面创造利润。

(8)团结号召相关企业,增强实力。

(9)简化内部管理,使"血脉"通畅。

(二）准确定义不能脱离研究内容与时代发展

系统设计与战略设计的发展绝不会停留在 CI 与品牌等概念上，例如，体育营销系统、书籍系统设计、主题衍生及周边产品系统开发等，都是近年来出现的新的设计体系与理论。这种理论指导整体设计比过去单纯的一图片一文字更具智慧与宏观考虑。当今许多著名设计机构都研究了自己的设计理论与方法论。

由此我们也就明白为什么 CI 理论会越来越多地受到来自品牌战略的挑战。品牌价值的视觉化挖掘成为设计师的主要工作，而 CI 已经由方法论弱化为具体设计系统项目的概念总称。在没有 CI 理论的时候，标志设计、包装设计、海报设计等具体设计门类都已经存在，不同的设计体系与理论将这些固化的设计门类进行重新整合，使之更加有效。

第五节　企业识别系统的导入

CIS 作为现代企业的经营策略，虽然有其共同性，但由于每个企业的实际情况不同，导入 CI 的动机目的不同，解决问题的切入点不同，因而在选择导入 CI 的时机上也会有区别。一般来说，以下情形都可成为企业导入 CI 的有利时机。

一、导入 CIS 的时机

CIS 是为配合企业长期经营策略而进行的系统性、计划性作业，并非偶发性的即兴之作。因此，任何企业在开发和导入 CI 时，都应遵循一定的作业程序和操作步骤。

（一）新产品上市导入 CIS

一个新产品开发成功，需要上市推广时导入 CIS，对产品进行"形象包装"，提炼产品理念，引入品牌概念，创作全新的广告创意。通过运用 CIS 手段制订周详的上市推广计划，将产品的广告、新闻、公关、促销、直销等手段整合传播，既收到促销效果，又迅速建立起自己的品牌，体现了 CIS "开拓市场利剑"的显著作用。

国内许多名牌产品都是运用新产品上市契机导入 CIS，取得了显著效果。例如，2015 年年初农夫山泉在长白山新品发布会上高调推出三款玻璃瓶包装高端矿泉水、婴儿水和学生矿泉水三款矿泉水之后，就将高端设计的印象投在了该品牌上。同时，农夫山泉也是率先走向差异化市场的国内品牌之一（见图 1-19）。但是，至今仍有许多企业在新产品上市之前，匆匆忙忙，不得要领，毫无计划。他们甚至连产品的商标、公司商号等基本形象识别都不顾及，就匆匆忙忙请广告公司设计包装、创意广告急于往市场上推广。当发现问题，再来"规范"已进退两难，损失惨重。

（二）公司周年庆导入 CIS

导入 CIS 已然成为企业基本的经营策略，而不少企业都会利用创业五周年、十周年等周年庆这一契机，导入 CIS 以达到重塑公司形象、迈向新的目标、提升员工士气的目的，从而为企业经营再出发激发活力。

例如，尼康（Nikon）近年发布了 100 年纪念版标识。尼康创立于 1917 年的 6 月 25 日，

图 1-19　农夫山泉高端矿泉水、婴儿水、学生矿泉水包装（图片来源：农夫山泉官网）

"尼康"的名称从 1946 年开始使用，是"日本光学"日文读音（Nippon Kogaku）的罗马字母缩写，并且融合了德文中蔡司照相机（ZeissIkon）中"kon"的写法。此次设计主要是突出字体"100"和"th"，比较大气而又不失灵动（见图 1-20）。当然，利用周年庆导入 CIS，需要考虑 3～5 个月的"提前量"，即为导入 CIS 新形象设计留下充足时间。如果前期准备工作缺少了解，草率从事，其 CIS 导入效果便会大打折扣。

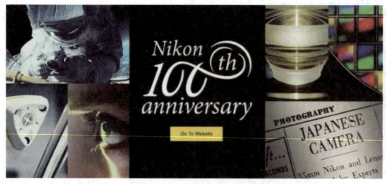 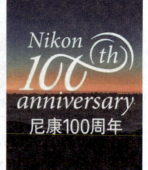

图 1-20　尼康 100 年纪念版标识（图片来源：尼康中国官网）

（三）进军国际市场，全面同国际经济接轨

原有的企业只盯住国内市场，因此商标多用拼音字母等居多。随着企业发展，产品进入国际市场和国际经济一体化趋势，原有的企业和产品标识系统不适应国际市场需要，因此，修正和建立新的企业标志、标准等识别系统，成为企业导入 CIS 建立品牌新形象的应对策略之一。例如，打入国际市场的中国知名品牌老干妈风味食品。

全世界各个角落的华人，大概都不会对一个身穿白色围裙的农妇形象感到陌生。这个印在红底标签上的黑白头像，与国人的香辣味觉紧紧相连。头像下方的"陶华碧"三个字，正是这位妇女会写的全部汉字（见图 1-21）。1996 年，陶华碧创办了贵阳南明老干妈风味食品有限公司，经过 20 多年的发展，这家企业将不足 10 元的辣椒酱锻造成登上美国奢侈品销售网站的国际品牌，这与老干妈企业"做事不过夜"的行为方式和成功导入 CIS 的经营理念是分不开的。

图 1-21　老干妈风味食品在国外市场（图片来源：老干妈官网）

二、导入 CIS 的动机

企业导入 CIS 的动机是多种多样的，它不仅与企业内部的经营管理状况有关，同时也与国内外社会经济发展的环境相联系。

（一）自觉完善企业内部制度

CIS 是一项长期的工作。国外企业 CIS 的导入及实施周期一般是 10 年。如果只是 CIS 的部分导入，一般也需要两三年。在这一期间，企业的内外环境，比如经营战略、经营方式、市场定位、产品定位及企业的组织机构设置等都可能发生一定的变化。所以，我们必须进行调整。就所有企业而言，在面对与日俱增的产品及各种应用设计时，需要制作一套方便作业的管理系统，而 CIS 的导入能够简化管理系统的企业流程，缩短新员工培训和适应作业的时间，使管理更加便捷、规范、富有成效。

（二）应付各种外来挑战

转换企业经营机制，把企业推向市场，是社会主义市场经济建设的中心环节。企业作为自由竞争的主体，其一切行为都必须围绕市场进行，这就要求其在优胜劣汰的市场经济中拥有良好的生存发展能力。企业在追求经济效益的同时，还应兼顾社会效益。因为企业作为社会大系统中的一个子系统，处于社会多维空间网络中的一个枢纽，同社会的各个方面发生联系。企业要想顺利地生存与发展，就必须对社会作出应有的贡献，履行必要的社会责任，对社会负责，合理利用资源，关心社会福利事业，并通过优秀的企业文化促进良好社会风气的形成。企业面对社会责任的挑战，必须站在大众的立场上，积极致力于社会公益事业，塑造良好的企业形象。

三、CIS 的导入

总体来说，中国 CIS 还处于萌芽、学习、模仿、宣传和探索之中。由于时代的局限性，目前的市场竞争机制尚不健全，企业普遍对 CIS 缺乏了解，加上经济力量的限制，对这方面的需求是实用性的当务之急，即导入的 CIS 实际上是"VI"的成分较大。另一方面，CIS 理论最初是由设计界引入的，设计师可能认为 CI 中的 VI 部分才是自己所能胜任的，而其他的 MI 和 BI 部分是不能担负的，至少还要经过一段学习和探索的过程。因此，CIS 的导入需要面临许多问题，如时间、动机、员工教育、对外宣传、资金周转、管理实施等。

（一）导入的周期

国外企业一般性的周期是 10 年，导入部分一般在 2 至 3 年，最少的也在 1 年。因为 CIS 在运作中会不断地遇到问题，不断地解决问题。因此可以说，CIS 是一种有起点无终点的运作。应在第一次导入 CIS 的基础上不断总结反思，制订进一步的计划，大纲在导入阶段完成后，应以求得企业形象的不断加深或强化为目的。

（二）导入的关键性问题

许多导入 CIS 的企业既有成功的经验，也不可避免地吸取了一些失败的教训。因此在实施 CIS 时，应对下列问题给予足够的重视。

（1）企业决策者应对 CIS 有足够的认识和坚定的意志。CIS 关乎企业未来的发展，不是随便一个部门便可做出决定的。同样，没有下属部门和全体员工的认同和响应，也是办不成事的。同时，决策者的审慎态度和眼光、水准也是 CIS 成功的关键因素。

（2）CIS 委员会作为具体执行单位，其人员必须饱含工作热情又具备 CIS 专业能力。

（3）CIS 是发展的、运动着的。绝不是只停留在手册中的时髦文章，它在操作中发展，以发展促完善，并以螺旋式规律上行，循环往复，不断迈向新高度。

（4）CIS 不等同于 VI。CIS 如果仅完成 VI 的部分，对企业来讲"治标不治本"，起不到决定性的作用。因此，没有精神实质作基础，再漂亮的外表也只是昙花一现。必须务实求本，认识真正意义上的 MI、BI，才能使 VI 的投资不会白费。

（5）在对待专业公司上，既不能任其大包大揽，也不能对其言听计从。协调好与专业公司的关系，摆正各自位置，经常性地沟通才能最大限度地发挥各自的作用。

（三）CIS 的投资

导入 CIS 的资金投入，实际上应看作是"投资"而不是"开支"，并且是一种开发性投资，属于延期性投资或固定资金投资，不是短期内便可收回的。通常要 2~3 年后才能出现明显效果，数年后方能见到成绩。与硬投资不同，它是一种软投资，同时是有极高回报的。另外，维护费也不可轻视，在 CIS 运作中出现的偏差和不理想处应及时纠正，以免造成更大的损失。CIS 的投资费用包括：企业实态调查及企划费用、设计开发费、导入规划费、每年必需的 CIS 维护费等。

（四）发布

在 CIS 的作业项目完成到一定程度上，方可适时地向相关人士传达企业新的形象信息，让各方人士准确无误、快速及时地了解发生了什么改变，以及为什么改变，改变的好处在哪些方面等。

1. 对内发布

企业内部员工，不仅是传递企业形象的媒体，更是真正影响企业形象的人。如果在 CIS 发表时期，内部员工完全不知道公司的 CIS 对手是谁、不理解公司发表 CIS 的目的、过程和重点运作是什么。当外人询问公司 CIS 计划时，不知如何说明。如果出现上述情况，CIS 的启动将会很被动。因此，应事先在内部做好传达工作，并适当进行调整后，再对外发表。

2. 对内发表的方针和内容

包括实施 CIS 的进展、CIS 的意义以及公司实施 CIS 的原因，公司要培养员工与 CIS 的关联和必要的心理机制。详细介绍新的企业标志,使员工产生感情上的认同,并在设计的管理和应用上要求严格按照手册执行。

  3. 对外发表

  向企业相关者明确传达公司的CIS主旨,使其早日熟悉新的企业精神,尽早建立企业的全新形象;对外发表的媒体和手段要确定,对外发表时应准备相关材料:有关导入CIS的新闻稿、有关导入CIS的说明传单、新设计的宣传广告和新设计运用于商品或宣传品上的照片等。

  (五)具体项目的导入

  导入CIS具体项目的过程也许相当长,因为除了新建企业外,可能还会有老形象的共存期。一旦遇到这些问题一定要根据实际情况酌情处理,尽可能将改变形象的损失降至最小。如果企业具有大规模更换形象的经济实力,可以大造声势,全方位导入,大面积铺开,使得新形象在极短的时间内形成冲击,有利于形成印象深刻的记忆。

  在视觉项目导入的过程中有一些问题要注意。

  (1)视觉项目的制作工艺要有一定的水准,不可以太粗糙,从而破坏了人们对新形象的第一印象。

  (2)视觉项目制作规范要严格执行,保证新形象的统一性。

  (3)视觉项目在导入过程中如果遇到设计与制作工艺等实际操作有矛盾时,应及时与设计师研究,尽快调整方案。

  (六)导入计划的结束

  CIS导入计划的结束,只是CIS计划的一个工作时间段的结束,它的实施和管理发展是一项长期的战略。为了有效地结束导入工作,开展好下一个步骤的工作,应进行以下活动。

  (1)为了CIS的管理和发展,考虑组织专门的部门或组织来进行工作。如成立第二次CIS委员会,可考虑把CIS列为企业的例行活动。

  (2)建立有关第二次CIS计划的立案。

  (3)CIS设计系统在初次导入时,往往不够完整,所以定期的管理和维护很重要。

  (4)制定提高员工精神的宣传活动。

  (5)CIS导入后,对企业理念的变化、其他方面的成果、预期的目标等作经常性的测定,从而不断矫正CIS计划的正确方向。

  (七)CIS的实施管理

  CIS在设计开发以及导入完成之后,应不分时空地向相关者持续不断地传达企业情报,使企业逐渐在相关者心目中树立良好而稳固的形象。CIS委员会不仅从事CIS计划、执行、管理的运作,还要承担定期对CIS进度、品质、成本的核对与检查,督导和控制,引导CIS的正常化运作。CIS手册建立之后,无论企业经营者与员工都应努力维护企业形象的一致性,不可以视其可有可无,或任意修改。如需重大变动,应通过CIS委员会共同讨论决定,以免误导企业形象。

  (八)CIS的运作维护

  在CIS的导入完成之后,并不意味着万事大吉,应进行适时的动作维护。在CIS的运作过程中,将出现各种各样的问题。

（1）在具体的视觉传递工作中，对于初始设计的忠实度是否能够保证，有无修改等违背设计样本的事情发生？

（2）已经导入实施 CIS 计划工作是否存在一些与实际情况发生矛盾的问题，这些问题是否采取了积极的态度去调整、解决？

（3）是否按照计划定期进行 CIS 效果测评，并以所得出的结论指导维护工作，矫正 CIS 方向？

（4）有无对 CIS 计划存在重大误解的执行机构或个人，是否时常对员工施行 CIS 纵深教育？

（5）是否定期总结前阶段 CIS 工作中计划的完成情况？

（6）在控制费用和成本的过程中，是否合理？

（九）CIS 的效果评估

为了给 CIS 进一步提高获得依据，必须对 CIS 作一些阶段性测定。测定可通过统计方法考察企业销售金额和利益增长与广告费的增长率来获得。

保罗·兰德：乔布斯眼中的平面设计教父

保罗·兰德(1914—1996)被崇拜者们称为"平面设计界的毕加索"，美国平面设计师，世界级 Logo 设计大师，他以商标设计著名。本书的开篇在引导案例中曾经介绍过这位大名鼎鼎的设计师所设计的 IBM 公司的蓝色标识。

他所设计的知名商标作品除了 IBM 以外，还有 UPS 联邦快递、Enron 安然集团、Westinghouse 美国西屋、ABC 美国广播公司与美国 NEXT 公司标识等。兰德从来不认为自己会做生意，但他的确非常善于精准地操作整个项目过程。

在商业设计领域，他是一个虔诚的美学传播者，总是竭力向客户阐明好设计的重要性，让客户了解其中的既得利益。他还有非凡的表达能力，常常为客户准备十分详尽的设计报告，展现自己的设计想法演变过程，并且列出目的明确的设计观点。不过最令人佩服的还是他能够想到把整个设计和分析的过程展示出来，让设计的呈现更加合理和完整，他把这些报告称为设计的"伴奏"（见图 1-22）。

图 1-22 保罗·兰德及其部分 Logo 作品（图片来源：Logo 设计视觉）

乔布斯1955年出生，保罗·兰德比乔布斯大四十多岁，1986年时保罗·兰德已经七十多岁了。当时他与IBM公司有合约，无法为其他人进行设计。但在乔布斯的运作下终于获得了IBM的授权，乔布斯花费重金聘请这位早已名声在外的商标设计师为NEXT公司设计Logo。但是一切似乎并不是那么顺利，当时的保罗·兰德并不知道自己要设计的是什么，他知道的只是NEXT是一家教育计算机公司，产品是一个还未发布的黑色盒子。

设计Logo看似很简单，但是其中要考虑的细节颇多，小空间诠释大概念并不是那么容易的，况且这次保罗·兰德的已知信息量还那么少。在经过反复考量和推敲之后，最终的概念稿终于成型。保罗·兰德为此还设计了一个小册子，从字体、排列、方位、颜色等多个方面进行了论证(见图1-23)。

图1-23　保罗·兰德设计的NEXT公司标识(图片来源：Logo设计视觉)

很可惜的是这位设计大师在1996年11月就逝世了，一个月以后苹果收购了NEXT公司，乔布斯又重回苹果。之后的1997年里苹果著名的Think Different非同凡想系列广告中，保罗·兰德是和爱因斯坦、马丁·路德·金等并列的天才之一，在乔布斯传记中也对保罗·兰德的评价颇高！

案例分析：

保罗·兰德一生都在推崇"少即是多"的理念，人们常常批判他不愿意接受更现代的设计理念。他十分鄙视后来出现的全开放的后现代主义，因为后现代主义用情感和主观意识来代替逻辑和清晰性在设计中的主要地位。他抓住机会不遗余力地重新定义和阐述现代主义的伟大意义，改进并精确艺术著作的评估系统，他在晚年接受的一个采访中说道："作品的质量比什么都重要，而所谓的质量就是我设定的标准。"

(资料来源：http://mp.weixin.qq.com/)

通过对本章内容的学习，让学生了解形象、企业形象、企业形象识别系统的基本概念；掌握企业形象设计的功能与特征并区分识别系统与品牌设计的不同；掌握CI导入的时机动机，理解CIS的制定是一套完整的经营管理模式，它丰富完善了企业的经营战略和发展规划，从系统的角度保证了企业发展的一致性。

1. CI 的基本概念及其特征、功能与价值。
2. 企业形象设计的含义与构成要素是什么？
3. 导入 CI 的正确时机与动机是什么？
4. 企业形象识别系统的来源是什么？
5. 收集成功导入 CI 的案例及相关文字和图片资料，并通过 PPT 的形式进行不少于 15 分钟的陈述。

目的：通过课后资料收集、欣赏、分析的过程，使学生增加对 CI 导入的感性认识，并能够带着问题走进课堂。

要求：让学生分别收集有关 CI 的产生、应用、发展的历史资料。

第二章

CI战略的历史沿革与发展趋势

1. 了解 CI 战略的发展历程。
2. 了解和掌握美国、日本、西欧等国家 CI 的发展历程。
3. 掌握美国型、日本型、西欧发达国家及中国型 CI 的发展特征。

发展历程、文化差异、数字信息化

可口可乐公司的 CI 战略

1886年,可口可乐在美国佐治亚州亚特兰大市诞生。现在,它每天为人们带来怡神畅快的美妙感受。目前,全球每天有17亿人次的消费者在畅饮可口可乐公司的产品,大约每秒钟售出19400瓶饮料。2016年10月,可口可乐公司在2016年全球100大最有价值品牌中排名第三。

可口可乐为中国消费者提供超过15个品牌50多种饮料选择,其系列产品在华的每天销量达到1.5亿杯。另外,可口可乐也是唯一一个全方位赞助在中国举办的特奥会、奥运会、残奥会、世博会、大运会及青奥会的企业。现在,可口可乐所获得的成功,与它当时成功导入CI战略是分不开的。

据说,可口可乐饮品最初的成分是一种治头疼的药水。在一次偶然的意外之中,店员把苏打水错兑入了这种药水中,没想到病人喝过之后赞不绝口,还想要这种"药水",于是,可口可乐的绝密配方就这样鬼使神差地诞生了。

尽管如此，因为可口可乐这种模糊不清、不完整的产品形象，导致销售进展十分缓慢。经过一段时间的市场调查之后，可口可乐公司发现了滞销的真正原因。为了改变这种状况，该公司聘请美国 L&M 公司为其进行 CI 策划。公司合作人之一罗兰·鲁宾逊为其创造了沿用至今的可口可乐名字和商标图案。

L&M 公司经过市场调查认为，以下四点为可口可乐公司不可缺少的设计要素：可口可乐的书写字体、可口可乐的品牌名称、红色标准色以及独特的瓶形轮廓。可口可乐标志具有强烈红色与白色视觉对比的冲击力，富有韵律与流动性。罗兰先生还把可口可乐(COCA-KOLA)中的"K"换成了"C"，并亲手写下了漂亮的 COCA-COLA 手写体，并以此作为标准字体。由于是手写体，商标给人一种亲切感和动感，并给人留下一种深刻、清晰的印象(见图 2-1 和图 2-2)。

图 2-1　可口可乐公司标识发展史

图 2-2　可口可乐包装瓶发展历程(图片来源：可口可乐官网)

案例解析：

CIS 的关键概念就是识别(Identity)，要想使自己的产品能够从众多的产品中脱颖而出，主要就是自身具有与众不同的个性特点，这就是产品的识别性。产品包装特点是最容易获得的识别性因素之一，而产品的品质是最具说服力的识别因素。因此，可口可乐的专用瓶从一开始就将自身与众多的同类产品区分开，给人一种清晰、明确的形象。这样，有了商标、专用瓶和保密配方的可口可乐才真正进入充满竞争的市场。

(资料来源：https://wenku.baidu.com/view/af421cbc9e31433239689378.html?re=view)

美国学者威廉·P.金等人曾经指出,企业战略常常是个别战略的综合,每个战略都是围绕着一个中心制定的,个别战略是企业总体战略的一个组成部分,为实现总体的目标服务。企业 CI 战略,同样是企业总体战略中的重要部分之一,是为树立企业良好目标形象而制定的企业个别战略。因此,首先要明确 CI 战略的基本概念,掌握 CI 战略的主要特点,了解 CI 战略的功能和作用。

20 世纪 50 年代是 CI 战略的创立阶段。在这一阶段,几乎没有形成系统的理论。60 年代,一位设计人员沃森·马格里斯正式提出 CIS 这个术语,企业的标识设计不再被看作单纯的工艺美术创作,而成为以统一企业形象、表达企业精神为目标的经营战略的一部分。自此,CI 战略理论开始不断丰富和发展。

第一节　CI 战略概述

一、CI 战略的定义

CI 战略又称企业识别战略或企业形象战略,是在调研和分析基础上,通过策划和设计(CIS)来体现本公司区别于其他公司的标志和特征,塑造公司在社会公众心目中的特定位置和形象的战略。CI 战略在国外还有其他的版本,在不同的国家、不同时期说法也不相同。

CI 战略基本上是围绕着企业设计(Corporate Design)发展而来,其间又经历了产业设计(Industrial Design)、企业面貌(Corporate Look)、特殊规划(Specific Design)和企业形象(Corporate Image)等阶段,逐渐演变为现在的 CI(Corporate Identity)或 CIS(Corporate Identity System)。

由于用汉语的"识别"一词来解释"Identity"仅仅表示简单的动作和状态,不能完全表达其多意性,因此,为了保持其特定的含义,暂用 CI 战略这样一个符号方式来表述。

所谓 CI 战略,是对企业形象的有关要素(理念、行为、视觉)进行全面系统的策划、规范,并通过全方位、多媒体的统一传播,塑造出独特的、一贯的优良形象,以谋求社会大众认同的企业形象战略。企业 CI 战略不是一般的管理工程,也不仅仅是视觉传达设计,更不是仅仅为企业装潢门面,它是企业总体战略的重要组成部分。

二、CI 战略的雏形

一般认为,CI 战略的雏形以两个事件作为标志。一个是 1914 年著名建筑学家培德·奥伦斯为德国 AEG 电器公司设计商标,并应用于公司的所有便条纸和信封上。另一个是 20 世纪初意大利的奥利培帝为自己的工厂设计产品商标牌打字机。奥利培帝一直注重企业标识的设计,他十分注重商标的美感和标识的独特性(见图 2-3)。这两例虽不能称为 CIS 产生的标志,甚至也不能称为正式 CIS 的产生,但它们至少意味着 VI(视觉识别)的开端。

图2-3　AEG电器公司商标与奥利培帝牌打字机标识（图片来源：中国标识官网）

德国现代设计之父——彼得·贝伦斯

彼得·贝伦斯(Peter Behrens)是德国现代设计之父，也是德国现代主义设计的重要奠基人之一，在建筑和设计方面的深远影响一直延续至今，被誉为"第一位现代艺术设计师"。他将工业设计规格化，为德国电器工业公司(AEG)的企业形象设计了统一的形式语言，是企业形象设计最早和比较完善的典型作品，开创了现代公司识别计划的先河。

彼得·贝伦斯是德国最早从事功能化工业产品设计的设计师。1907年，德国电器工业公司(AEG)的总裁艾米·拉斯(Amy Russ)邀请彼得·贝伦斯为公司设计标志，担任建筑师和设计协调人，开始了他作为工业设计师的职业生涯。通过多次反复的设计，他终于设计出非常简单、明确的标志。这个标志同时适用于公司职员的卡片、公司文具和文件上，也能够运用在工厂的机械、产品和公司的建筑上。

他同时也设计了该公司大量的平面项目，包括广告、海报、产品目录等，始终强调设计的统一性。他为这个公司形成了产品形象和推广到高度统一的企业形象，设计了统一的形式语言，是企业形象设计最早和比较完善的典型作品，开创了现代公司识别计划的先河，也被称为制定"公司风格"的第一人。

彼得·贝伦斯也是平面设计史上的重要人物，他最早清楚地表达出20世纪新思想下新的视觉设计语言要素。他的平面设计具有很强烈的个人特征。他为AEG和其他企业设计产品目录、广告册页和海报，采用标准的方格网络方式，严谨地把图形、字体、文字说明、装饰图案工整地安排在方格网络之中，清晰易读，让人一目了然，同时在字体选择上选用自己改良的罗马字体，因此具有"减少主义"的初期特征。这种设计特征极大地影响了当时设计的风尚。在第二次世界大战之后，减少主义成为世界平面设计的基本风格之一（如图2-4所示）。

（资料来源：http://www.verydesigner.cn/article/24806）

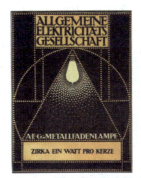

图 2-4　彼得·贝伦斯部分平面设计作品（图片来源：设计·中国官网）

三、CI 战略的构成要素及相互关系

CI（Corporate Identity）的构成要素，主要由理念识别（Mind Identity，MI），行为识别（Behavior Identity，BI）和视觉识别（Visual Identity，VI）三部分组成。

（一）企业的理念识别 MI

企业的理念识别 MI 是企业的思想和灵魂，即企业的想法，属于企业的最高决策层次。MI 是整个 CI 战略的核心，是 CI 战略运作的原动力和实施基础。它是在企业经营管理过程中形成的，并被员工所认同和接受的企业经营理念、发展战略、企业哲学、行为道德准则、企业精神、企业文化、经营方针、策略等。

MI 属于思想范畴，是企业经营管理和发展的战略性指导思想。实际操作中，这些看不到的理念，往往会成为一句简洁、醒目、亲切、具有号召力的企业宣传口号，比如飞利浦的"让我们做得更好"，海尔的"真诚到永远"，天猫商城的"理想生活上天猫"等（如图 2-5 所示）。它是一个企业的企业哲学和企业信仰的高度总结和浓缩，也是对企业历史、文化和思想的总结与提炼。

图 2-5　天猫商城广告语（图片来源：天猫商城官网）

（二）企业的行为识别 BI

行为识别 BI 系统是在理念指导下的企业的一切经营管理行为，即企业的做法，是动态的识别形式。一般分为对内和对外两个方面。对内包括：保证正常生产运作的内部管理规

范(岗位职责、行为规范等)、先进技术的研究开发,提高干部员工素质和工作能力的教育、培训(技术水平、职业道德、服务态度、技巧、礼貌等),以及改善工作环境和条件等。对外包括:市场调研、市场营销、公共关系活动、广告宣传,还有公益性社会活动等。

麦当劳是世界上最大的快餐食品企业,遍布全球六大洲119个国家和地区,在世界各地拥有3万余家连锁店。它把每项工作都标准化,即"小到洗手有程序,大到管理有手册"。麦当劳的经营理念是"顾客至上,顾客永远第一"。提供服务的最高标准是质量(Quality)、服务(Service)、清洁(Cleanliness)和价值(Value),即QSC&V原则,这也是最能体现麦当劳特色的重要原则(如图2-6所示)。

图2-6 麦当劳的QSC&V经营理念(图片来源:麦当劳中国官网)

(三)企业的视觉识别VI

企业视觉识别VI是企业理念的具体化、视觉化,又称为企业的脸面,是静态的识别符号。由基本要素和应用要素两部分组成,基本要素是视觉系统基本构成要素,又可分为主要的(企业标志、企业标准字、企业标准色)和辅助的(象征物、专业图案和版面编排统一设计)。应用要素是基本要素的应用媒体(图),包括:办公和事务性用品,招牌、标识牌和旗帜,员工制服,交通工具,建筑和环境,商品和包装,广告用品和展示陈列等。

VI设计的最大特征就是它的系统性和整体性。VI策划和设计包含了企业的发展战略、营销活动、公共关系、广告策划、企业管理等视觉系统,要在企业统一战略思想的指导下,保持高度一致,来实现各环节内容的和谐统一。在设计中要保持VI导入执行的有效性。该原则始终贯穿于整个组织内部、外部的活动中,并在传播过程中起到积极的作用,能促进企业品牌形象持久稳定地发展。

(四)CIS与MI、BI、VI之间的关系

理念识别MI,行为识别BI和视觉识别VI是一个统一的、不可分割的整体,它们有各自的特点和体系,形成完整的企业识别系统(CIS)。其中,MI是灵魂,是导入CI战略的核心和原动力,是企业识别系统的精神所在,是属于思想性、文化性的意识层面;BI是基础,由理念MI体系扩展至各类动态的企业活动,直接反映MI的个性和特殊性,是动态的识别过程;VI是关键,是CI战略中最直观的一个部分,通过视觉化的表现形式来传达企业抽象的理念系统,是企业形象和品牌形象持久稳定发展的载体,是相对静态的识别形式。

第二节　国外 CI 战略模式

CI 战略产生于市场经济的土壤，从对它的不同解释就可以看出，CI 一开始并非现在的模式，在不同发展时期，不同的国家和地区，虽然都把 CI 战略作为一种企业参与市场竞争的有力工具，但由于情况不同，实施的方法和目标有所不同，反映出在不同时期、不同国家和地区的 CI 各有其特定含义。各国根据自己的实际情况，不断对 CI 进行消化、改造和完善，形成了独具特色的典型模式，其中最主要的是美国型 CI 模式，日本型 CI 模式，西欧型 CI 战略。

一、美国型 CI 战略

美国是一个多民族、多元文化、多种语言并存的国家，技术水平、经济实力、管理水平和市场竞争能力都处于世界领先地位。第二次世界大战以后，欧洲的设计家大量移民到美国，使得美国的工业设计和视觉传达设计很快进入世界一流水平，设计也成为美国现代社会从工业化走向文明的重要因素之一。

（一）CI 的发源地在美国

CI 的发源地就在美国，最早是由设计家罗维、雅各布逊等人于 1930 年左右提出的。但在当时，这只是作为一项配合市场营销战略的辅助性商业推销术来看待的，并未认真、自觉、系统地实行，更不用说从理论上来说明它的深远意义。从 20 世纪 30 年代开始，资本主义国家经历了一场严重的经济危机和第二次世界大战即将来临所造成的影响，当时的人们无暇顾及这些文化方面的需求。随着第二次世界大战结束，经济高速发展与和平安定的幸福生活的到来，人们开始关注战后精神文化方面的需求，也逐渐形成了相关的市场运作。

20 世纪 50 年代中期，当时的 IBM 公司（国际商业机器公司）董事长沃森首先推行了 CI 计划，开始了 IBM 公司历史上也是世界历史上最初的 CI 设计开发。这已在第一章开篇时详细介绍过。IBM 公司的成功，激发起美国许多先进企业的争相效仿，其中包括美孚（Mobile）石油公司、远东（Eastern）航空公司、西屋（Westinghouse）电气公司、艾克逊（Exxon）公司等，其中影响最大的是大名鼎鼎的可口可乐公司。

（二）美国型 CI 战略的特点

美国型 CI 战略主要是通过对企业视觉识别（VI）的标准化、系统化规范设计，通过独特的视觉信息符号系统地表现企业的经营理念和特色，统一企业形象传播，达到使社会大众认知、识别，建立良好企业形象的目的。美国型的 CI 模式，在企业明确了自身的市场定位和形象目标之后，负责视觉识别系统（VIS）的设计统筹就成为相当重要的工作。

通过"IBM"和"可口可乐"两个典型案例的分析，可以总结出美国 CI 战略是以商标等视觉基础来体现企业理念与企业文化发展模式的。因此，可以看出美国式 CI 战略更加侧重于视觉传播的形式，与企业市场营销策略、著名品牌策略相结合，取得了良好的效果。这也说明，通过统一的、个性的视觉识别系统传播，最容易使企业在市场竞争中建立良好的感性形象，打开市场知名度，为进一步与消费者大众建立信赖关系打下了良好的基础。

二、日本型 CI 战略

日本从美国引进了 CI 战略,作为东方民族,日本的企业管理思想历来深受东方文化的影响,特别注重企业自身的内在品质。正如日本人巧妙地将西方先进的管理理论、管理技术及管理手段和日本的传统文化相结合,形成了日本式的企业经营管理制度一样。日本企业在导入 CI 战略时,不仅吸取了欧美等西方国家的长处,同时融合了日本民族文化和管理特色,创造了具有本民族特色的 CI 模式。

(一) CI 在日本的传播与发展

20 世纪 60 年代,CI 战略引起日本企业的注意。1971 年,伊藤洋华堂百货公司在日本实业界首先导入 CI 战略。同年,第一银行和劝业银行合并成为第一劝业银行,借此机会也导入 CI 计划(见图 2-7 和图 2-8)。

1973 年导入 CI 的有忠实百货公司。为迎接 1980 年公司成立 100 周年,改变公司的老旧形象,伊势丹百货公司也于 1975 年导入 CI 计划。同年,日本东洋工业公司推出 CI 战略,将其名字更名为马自达(MAZDA)汽车公司,并邀请专家组成开发小组,负责 CI 计划的推进、改良、试验、修正等,为日本企业识别系统树立了典范。这一年导入 CI 的公司还包括美能达公司、白鹤清酒、三井银行、NTT 公司等。

图 2-7　伊藤洋华堂百货公司全景

图 2-8　日本第一劝业银行标识

马自达的前世今生

20 世纪 70 年代初期,CI 企业形象识别设计刚进入日本,尚处于萌芽状态,马自达大力度运用 CI 战略革新企业形象的重大举措,给日本企业界带来巨大的冲击,此后 CI 热潮席卷日本,众多大企业纷纷导入 CI。在长期实践的过程中,日本的企业和设计公司逐渐发展出不同于欧美的日本式 CI 设计战略。

马自达公司在 20 世纪 70 年代初期的名字为松田汽车,其商标为字母"H"和"M"的组合,因为时间较长,在日本国内消费者都知道该标志代表着松田汽车,然而在海外却经常发生误解现象。为了统一企业形象,塑造符合企业国际化发展的鲜明形象,马自达公司盛邀日本专门为企业导入 CI 的 POAS 公司重新设计企业形象。

POAS 公司采用当时国际流行的字母标设计策略,将企业名称、品牌名称、商标图案完全统一为简洁、有力的五个字母"MAZDA",经过专门设计的标准字体,传达信息凝练,造型刚劲有力,视觉冲击力强。POAS根据马自达汽车的应用状况,设计了非常详细的CI应用手册,用于指导企业内部的CI实施,考虑详尽、说明翔实、项目丰富、实用性强的CI手册确保马自达在全球各地企业形象的高度统一。

市场风云变幻,企业发展难料。亚洲金融风暴爆发后,日本高速增长的经济遽然刹车,日本汽车工业也陷入全行业的发展危机。经过多番较量,负债累累的日本马自达被福特收购。马自达汽车并入福特汽车集团后,福特汽车集团对马自达的经营进行了重大调整,在内部管理、产品战略、市场营销等方面重新做了部署。

在企业CI战略上,继续保留在市场上行销多年拥有丰厚品牌资源的MAZDA品牌,但在品牌形象识别上做了较大的变动。采用了新的车标,椭圆中展翅飞翔的海鸥,同时又组成"M"字样。"M"是"MAZDA"第一个大写字母,预示着公司将展翅高飞,以无穷的创意和真诚的服务迈向新世纪。时过境迁,曾经被誉为日本CI史上经典之作的马自达MAZDA标志,在全球沿用20余年后,终于无奈地让位于一个极具美国风格和美国特色的新设计(见图2-9)。

(资料来源:http://www.chuangyimao.com/detail/10230.html)

图2-9 日本马自达标识发展史(图片来源:马自达中国官网)

20世纪70年代末至80年代初,CI在日本形成高潮,松屋百货、亚瑟士体育用品、麒麟啤酒、美津浓体育用品等企业纷纷建立了CI新形象。到目前为止,CI在日本的发展和传播大体上可分为以下四个时期。

第一时期:VI(视觉统一和标准化)时期,时间为20世纪70年代前期。
第二时期:企业理念和经营方针的再构筑时期,时间为20世纪70年代后期。
第三时期:意识改革、体制改革时期,时间为20世纪80年代前期。
第四时期:事业开发和事业领域的制定时期,时间为20世纪80年代后期以来。

(二)日本型CI战略的特点

日本在20世纪70年代后期成为继美国之后的世界经济强国,企业发展迅速,使得设计在日本的经济发展中起着越来越重要的作用,创造出具有自身特色的CI理论。日本模式的CI战略,不仅强调视觉识别(VI)的标准化、系统化设计规范,而且重视理念识别(MI)、行为识别（BI）、视觉识别（VI）的整体性作用，追求完整地传达企业独特经营理念和特色，并上升到企业经营管理和企业文化建设的高度，最终达到使社会大众认知、识别，建立良好企业形象的目的。

总的来看，日本 CI 没有局限于企业外观形象的展现，而是将其上升为企业经营战略和企业文化建设的高度，进而要求每个企业对国家利益和社会进步做出贡献，非常突出日本风格，重视 MI、BI、VI 的整体性，竭力追求完整的视觉经营状态、文化内容。

三、西欧型 CI 战略

西欧国家的企业界导入 CI 自 20 世纪 60 年代开始。其中影响大的企业有德国的布劳恩（BRAUN）家电公司，意大利的菲亚特汽车公司、曼特爱迪生（Montedison）公司、奥利维蒂公司，英国的英国航空公司，法国的法国航空公司和 ELF 石油公司，荷兰的壳牌石油公司等。

尤其应当提及的是意大利著名电子品牌奥利维蒂（The Olivetti Corporation）。意大利的奥利维蒂牌打字机是 20 世纪初的产品，它不仅以简洁而完善的产品设计领先世界，而且使公司的企业形象识别计划在国际市场上大获成功。该公司很早就开始树立企业形象意识。1936 年该公司请意大利工业设计师吉欧凡尼·宾德里（Giovanni Pintori）全权负责其全部产品设计，并参与公司的广告设计和建筑设计，使公司以鲜明的形象赢得了国际市场。

1947 年，他为奥利维蒂公司设计了新的企业标识，广泛地应用在与该公司相关的所有产品方面：名片、企业报告、文具纸张、运输车辆、工厂设备、产品及展板等（见图 2-10）。统一完整的公司形象，在公众心目中不再是单一的产品形象，而是树立了富有个性的企业形象。这些设计成为欧洲国家设计出的最完整和最具有视觉效果的企业形象系统，为其他国家的大型企业树立企业形象提供了样本，在企业形象设计上具有划时代的意义。

图 2-10 吉欧凡尼·宾德里设计的奥利维蒂海报设计作品（图片来源：Giovanni Pintori 个人官网）

此外，德国乌尔姆造型学院也将系统设计理论应用到 CI 设计中，CI 的平面设计十分完整，可向外界全方位地表现企业的视觉特征。如乌尔姆造型学院的灵魂人物——奥托·艾舍（Otl Aicher），他最有代表性的设计是德国 1972 年慕尼黑奥运会识别系统，这个设计成为赛事标准化图标的经典。

案例 2-2　奥托·艾舍与他的慕尼黑奥运会识别系统

奥托·艾舍(Otl Aicher,1922—1991),德国平面设计家,是德国20世纪最有影响力的设计师之一,同时也是国际知名的设计师。尽管慕尼黑奥运会被11个以色列运动员的恐怖活动搅乱,但与1936年希特勒的柏林奥运会不同,它以另一种方式展现了德国。艾舍与它的团队从当地巴伐利亚环境中获取灵感,但又避开了纯粹的民俗艺术,设计出一套色彩丰富的视觉形象。运动员的醒目图像与严谨的网格系统一起,加上Univers体的使用,在展现灵活性的同时又保持了一致性,使观者视觉聚焦。然而,著名的"催眠会徽"的设计并不顺利。艾舍最初的设计是抽象的光芒四射的图形,后来被组委会以不够特别,不能申请版权而否决。

他的第二个设计,一个基于字母"M"的设计同样遭到否决。最后艾舍团队成员科迪·冯·曼斯泰因(Coordt von Mannstein)将第一个设计与一个螺旋式图形相结合完成了设计,这已经是艾舍提出他第一个设计一年后的事情了(见图2-11)。

图2-11　1972年慕尼黑奥运会标识修改稿(图片来源:艺术与设计网站)

图形的广泛认可具有强大的沟通力量,艾舍与团队决定为所有项目和服务设计出一套将近180个图标,设计基于一个严谨的正方形网格系统,所有视觉元素都被安排成90°和45°。全部设计的成果是一个十分准确简明且具有结构性的设计。

1972年的慕尼黑奥运会虽然不是历史上最成功的奥运会(当年的恐怖事件对于德国至今都是一段抹不去的阴影),但是1972年慕尼黑奥运会绝对是形象设计运作最好的一届。这届奥运会充分体现出德国功能主义的核心价值观,奥运会标志设计明显受到了光效应主义和构成主义的影响。奥托·艾舍在色彩的运用上特意回避了德国的专色——红与黑,而是用冷静而不乏活力的蓝绿搭配贯穿。这届奥运会的系统设计可以说是瑞士国际风格最辉煌的代表,也是奥托·艾舍自己最得意的作品之一。同样奥运吉祥物Waldi是一个机敏的几何德国腊肠犬,也是人见人爱的形象;连门票的设计都能看到奥托·艾舍所提倡的功能之上和"少就是多"的设计理念。通过色彩、图表和网格对各类信息进行规范和系统管理,奥托·艾舍从平面视觉体系到场馆规划、指示系统等方面进行全方位的整合(见图2-12)。

(资料来源:http://blog.sina.com.cn/s/blog_598746aa0100qtcv.html)

图 2-12　1972 年慕尼黑奥运会识别系统部分设计作品（图片来源：艺术与设计网站）

第三节　中国型 CI 战略模式

CI 作为国际企业所普遍采用的现代经营战略和先进的管理方法，在世界上流行已长达半个多世纪之久。CI 没有因时间的流逝而被淹没，却越来越广泛地为企业经营者所接受，成为现代企业成长与发展的一项基本战略。不仅如此，CI 已广泛深入社会经济领域的各个层面、各个组织中，包括城市、医院、学校、媒体、社团、政府部门等，都在纷纷引进开发 CI 识别系统。

一、中国型 CI 战略的定义

CI 进入中国是 20 世纪 80 年代中后期，比日本、韩国晚了近 10 年。但是，改革开放后的中国经济高速持续发展，为 CI 的成长与发展开辟了广阔的天地。在我国，最先引进 CI 理论的是美术院校，1984 年浙江美术学院从日本引进一套 CIS 资料，作为教材在校内进行教学使用。进而，各美术大专院校纷纷在原来的平面设计、立体设计等教学中增加了 CIS 的视觉设计教学内容，着重介绍 CIS 这门新学科新的设计概念和技法。随后广州美术学院把 CI 教学与实践结合起来，取得丰硕成果，一大批毕业生成为中国 CI 策划设计的中坚力量。

我国著名 CI 专业机构广州亚太 CI 研究所有限公司，从中国国情和企业实际出发，将 CI 定义为"现代企业或相关组织通过统一设计与实施提升竞争优势的差异化战略"。并且提出"大 CI 概念"——中国型 CI 战略，即将 CI 功能扩展到形象、品牌、文化、管理四个界面。这是对中国型 CI 实践总结基础上的重要理论探索，同时又对中国 CI 运动发生着深刻的影响。

广州亚太 CI 研究所有限公司

广州亚太 CI 研究所有限公司（以下简称亚太）是 CI 大师梅雨先生 1993 年在广州登记注册的企业法人单位，国家商标局批准"亚太"注册商标，是国务院国资委研究中心直接支持单位，广州市经委指定的广州重点名牌企业策划咨询机构。亚太与国务院国资委研究中心共同牵头，发起成立国务院国资委研究中心中国 CI 推进委员会。

亚太以其众多的 CI 经典案例设计力、卓著的 CI 理论成果研究力，及其推动中国 CI 事业的影响力，建立自己在 CI 领域的专业机构和第一品牌地位，先后为大庆石油、金利来、海尔、科龙、茅台、中国国航、中国北航、中国大熊猫、韶钢集团、恒安集团、粤电集团、株洲车辆厂、株硬集团、深圳粤宝、海南诚利、郑州地税局、广东药学院、合生创展、康景物业、广西电力、博深集团、九寨沟、光后小学、杭州水务、中科院能源所、香港爱伊尔、白山发电厂、康臣药业、东方模具等近百家全国著名企业，策划导入 CI 并进行品牌推广，演绎出一个个"中国型 CI 战略"成功案例，并且建立了全国唯一的"中国 CI 案例库"。

公司以推进中国 CI 产业化、专业化、学科化、本土化为使命，遵循王光英题词"推进 CI 事业，振兴民族经济"精神，数十年如一日，孜孜不倦地研究"中国型 CI 战略"，探索"中国特色 CI 之路"。

（资料来源：https://baike.baidu.com/item/）

二、中国型 CI 战略的发展历程

"中国型 CI"是在"欧美型 CI"和"日本型 CI"的基础上成长和发展起来的，其间有中国香港和台湾地区 CI 的桥梁作用。由于中国社会经济与文化背景同欧美、日本等发达国家的差异性，中国经济的多元化成分、企业多种体制共存，中国企业管理素质与国际企业的差距等因素，形成植根于本土化的"中国型 CI"，是一种对"欧美型 CI"和"日本型 CI"的兼容并蓄，为我所用。中国引进开发 CI 迄今已有将近 20 年的历史，其发展历程可以分为三个阶段。

（一）第一时期：CI 战略"引进期"

广州是中国 CI 的发源地。"中国 CI 的第一时期"是指 1988 年"太阳神"第一个成功导入 CI 为起点，至 1994 年 CI 开始向全国范围推广，这是中国企业界引进开发 CI 的早期实践，称为中国 CI 的"引进期"。这一时期以"粤货名牌现象"为表征，以"广东 CI 一族"为代表，活动范围集中在广东珠三角地区的企业。

广东太阳神集团有限公司的前身，是东莞市黄江保健品厂。这是一家名不见经传的小乡镇企业。但是，其经营总部却设在广州，足以见其经营理念的前卫性。该公司产品名称是"生物健"口服液，注册商标"万事达"。20 世纪 80 年代初期，产品投放广东市场，经过几年的推广，"生物健"口服液已经在广东市场小有名气。

当这家乡镇企业决定要将自己的保健品口服液推向全国市场的时候，企业领导人怀汉新接受 CI 新潮的影响，决定借助 CI 战略，帮助企业实现发展目标。他将东莞市黄江保健品厂更名为广东太阳神集团有限公司，将注册商标由"万事达"更名为"太阳神"，产品名称"生物健"在包装盒上被放到了左上角，"太阳神"成为"产品—品牌—企业"三位一体的称谓，以此来实施"三位一体"的 CI 战略（见图 2-13）。

无论从历史或现实的角度而言，太阳神的 CI 战略都是中国企业导入 CI 的前奏，并经市场实践证明，是最具积极和深远影响的中国 CI 战略的典范。在短短的几年中，以太阳神为开端，我国一些具有国际眼光的企业，如江苏燕舞电器集团公司、合肥美菱股份有限公司、四通集团、广州雅芳有限公司等也先后导入 CI，使产品畅销全国，知名度迅速提高，可谓 CI 在中国结出的硕果。

图 2-13　广东太阳神品牌商标（图片来源：广东太阳神集团有限公司）

（二）第二时期：CI 战略推广期

基于中国 CI 第一时期的时段划分概念，将 1994 年 CI 开始由广东走向全国为起点，直到中国加入 WTO 前的 2001 年，这段时间中国企业较为广泛的 CI 实践，称为"中国 CI 第二时期"，即 CI"推广期"。这一时期的典型特征是 CI 成为中国企业界的新潮流和热门话题。这一时期以 CI 在全国范围的大传播、大推广、大交流为特征，设计界、新闻界、公关界、教育界、理论界、出版界等扮演着重要角色。

北京于 20 世纪 90 年代中期接受 CI，比广东地区晚了五六年。1993 年和 1994 年，北京举办了一系列高层次、大视野的 CI 传播活动。其中，有 1993 年 6 月在北京举办的"首届中国企业形象战略研讨会"，同年 9 月的"第四届中国包装装潢暨首届企业形象 CI 设计展"等。

1994 年 5 月，中央工艺美术学院举办的"21 世纪企业新动力演讲会"是一次国际性学术交流会。参与演讲的有日本的中西元男、美国朗涛公司亚太地区负责人马子超、CI 专家林磐耸和魏正、设计师靳埭强等知名人士。这次演讲会产生了轰动效应，从一个侧面反映出我国设计界在观念上的巨大变化，开始注重学习海外先进经验和引进国际经营战略（见图 2-14）。

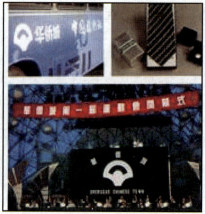

图 2-14　中国 CI 战略第二次热潮下的研讨会（图片来源：中国 CI 网）

（三）第三时期：CI 战略"发展期"

中国 CI 第三时期是从中国加入 WTO 的 2001 年起至今，中国企业更为广泛而深入的 CI 实践，作为中国 CI 战略的"发展期"。1993 年开始的 CI 传播与推广活动，掀起"中国 CI 第二次浪潮"，出现了一时的"中国 CI 热"。但是，同经济过热现象一样，中国 CI 没有"热"几年，很快就被舆论的误导和宏观经济调整推向低谷。其中，舆论误导是主要因素。众多的盲目者被那些追赶时髦的"引进潮流"所迷惑，过于热衷推广、传播、研究、设计 CI。设计界、公关界、企业界人士也都人云亦云。

2002 年 6 月，第五届"中国 CI 国际化论坛"再次在广州举行。会上面对中国加入 WTO 之后，中国企业与国际接轨和市场竞争加剧的现实，提出了"将中国 CI 推向产业化、学科化、专业化、本土化"的目标，吹响了"中国 CI 再出发"的号角。

2003 年中国国际航空公司同亚太 CI 战略研究所签订合同，委托亚太导入 CIS，在现有视觉识别 VI 系统基本不变的基础上，重点进行企业理念（MI）和行为识别（BI）系统设计。其目的是改革国有企业传统经营理念，建立并完善以顾客服务为中心，以顾客满意为目标的对内对外模式，打造中国国航服务品牌，构筑新型的国航企业文化，对外提升竞争优势，对内以整合战略性重组后的各个子公司，形成集团合力。

CIS 设计提出国航的核心理念为"服务至高境界"。

这一核心理念由"爱心服务世界"的经营理念、"四心服务"（让顾客放心、顺心、舒心、动心）的服务理念，"创新导向未来"的企业精神等作为支持，形成完整的国航服务品牌理念和国航思想价值观体系（见图 2-15）。

图 2-15　中国国际航空公司 CIS 视觉识别系统设计（图片来源：中国国际航空公司官网）

三、中国型 CI 战略的特征

中国型 CI 经过近 20 年的探索与成长，已趋于成熟。它与欧美和日本型 CI 相比，具有较明显的"战略型 CI"特征。具体表现在以下几方面。

（一）战略体系的丰富性

国际 CI 理论是以理念识别（MI）、活动识别（BI）、视觉识别（VI）三大识别系统为构架。"中国型 CI"是对欧美型 CI 与日本型 CI 的引进开发和丰富发展。其中"太阳神"的 CI 识别体系提出七个子系统，除了国际通行的三大识别之外，还正式提出了文本识别（TI）、听觉识别（HI）、专业识别（SI）、品牌识别（PI），可以说是中国 CI 实践对国际 CI 理论的丰富与发展,具有代表性。

（二）市场竞争的实战性

中国企业导入 CI 是在市场经济、市场竞争的驱动下进入状态的。多数导入 CI 的企业具有迅速开拓市场,提高市场占有率,创立名牌的欲望；表现出强烈的"实战型"特征,并且取得较为显著的战略成果。如海南"诚利集团"通过战略策划和组织结构调整的大改革；香港爱伊尔"魔法流星伞"案例对企业原有名称进行重新经营定位与产品结构调整,包括产品命名、设计、促销与广告策略制定等系列策划和整体运筹等。这些现象均说明在 CI 战略系统工程中,一大批中国名牌企业迅速崛起,逐步同国际接轨。

（三）企业文化的深厚性

博大精深的中华民族优秀传统文化,显然为我国众多导入 CI 的企业注入了深刻的文化内涵。诸如国航的凤凰标志,太阳神的"以人为本"设计概念,金利来"勤、俭、诚、信"的经营理念,长虹的"红太阳一族"产品形象,以及茅台的国酒形象、泸州老窖历史悠久的酒文化品牌形象等,都是"中国型 CI"深厚文化内涵的典型表现,也是"中国型 CI"相对于"欧美型 CI""日本型 CI"的优势和差异性所在。

综上所述,"中国型 CI"将 CI 由设计技法,真正演绎成为一门为中国企业所实用的、内外兼治的基本战略。这是 CI 在中国本土化探索方面的重要成果和典型特征,也是"中国型 CI"相对于国际 CI 的进步、提升和发展。我们有理由相信,"中国型 CI"仍将同中国经济的稳健发展与时俱进,在构建文明与和谐社会,提升企业及相关组织竞争优势方面,发挥出它应有的作用。

四、中国型 CI 战略的类型

企业战略是企业的大事,多年来众多企业的战略实践已使企业战略类型十分丰富。如何准确全面地认识各项企业战略,对选择和应用有关战略有着重要意义。

（一）形象至上型

太阳神、国航属于这一类型。其特征是 CIS 战略重在企业形象的建立与塑造,MI、BI、VI 三大体系比较完善,借用"形象行销"的经营策略提高市场竞争力。其中,太阳神的形象战略是我国率先导入 CI 的典范。前面已经详细讲述过这两个企业的实际案例。

（二）文化经商型

金利来、常州国际商城、昆明卷烟厂等属于这一类型。金利来以"勤、俭、诚、信"为经营理念,在建立国际名牌企业的基础上,提出"文化经商、形象经商、情感经商",用以提升品牌的文化力、形象力与亲和力。图 2-16 所示是常州国际商城将公司理念和使命定位于"贡献富裕的新生活",提出"秉持至诚商誉,服务现代大众"的精神口号。昆明卷烟厂在全国同行中率先导入 CI,主要手法是以文化为借力,拓宽企业形象和产品形象的传播媒体领域,提高经营业绩。

（三）运动联姻型

健力宝等品牌属于这一类型。CIS 战略中的行为识别,对外公共关系活动,促销活动、公益活动尤为出色。通过赞助全国性、世界级体育运动,迅速建立和塑造社会责任,热心公

图 2-16　金利来 CIS 企业形象识别手册（图片来源：中国 CI 设计网）

益活动的优良企业形象,为企业创造良好的经营环境,提高市场占有率(见图 2-17)。

图 2-17　健力宝宣传片及赞助中国国家队出征国际赛事（图片来源：健力宝官网）

（四）管理务实型

邯钢、嘉华集团等属于这一类型。强调 CIS 中的实施与管理,理念渗透,全员行动,共塑优良企业形象。邯钢提出"凝聚力工程"建设与实施纲要,重在国企管理形象的塑造,成为全国学习典范(见图 2-18)。

嘉华集团实施的是全员参与的务实管理型 CIS。强调 CIS 是一门管理科学,通过 CI 培训,全员参与,在管理的理念、意识、风格、纪律和价值观等各个方面提升,通过企业文化、经营理念来展示企业形象、品牌个性和良好素质,扩大企业的社会影响,提高产品的市场占有率。

图 2-18　邯钢集团外景（图片来源：邯钢集团官网）

(五)质量制胜型

红塔山、茅台、五粮液等属于这一类型。这类企业强调起关键作用的产品质量形象,以品质形象和品牌形象征服消费者,建立长期稳定的市场基础,取得最大的市场份额。图 2-19 所示为茅台集团养生酒的产品营销理念宣传海报。这类企业并非完全没有 CI,只是具有不够完备的 CI 基本要素或 CI 战略基本框架,在蒙眬意识中,通过加深 CI 认识逐步进入 CI 佳境。

图 2-19　茅台集团养生酒宣传海报(图片来源:国酒茅台官网)

第四节　大数据时代下 CI 的新发展

一、大数据时代的背景分析

大数据时代的正式到来,给企业带来了更多的挑战与机遇。Mckinsey 公司 2011 年的报告中最先使用"大数据"一词,它是指无法在一定时间内用传统数据库软件工具对其内容进行抓取、管理和处理的数据集合。IDC 国际数据公司将大数据界定为,为了更经济地从高频率获取的、大容量的、不同结构和类型的数据中获取价值,而设计的新一代架构和技术。

二、大数据时代下企业形象设计新格局

当今,大数据的企业管理方式拥有更加高科技的支持,能够在整合广泛的数据信息之后进行整体的电子计算机技术分析和处理,充分满足和实现划分数据的需求。在原本运营基础上实施优化的管理和发展计划,带领企业走上成熟和卓越的巅峰。新技术的应用、新媒体的不断推陈出新,必然造成企业形象识别系统(CI)领域的变革与拓展,这包括以下几个方面的内容。

(一)CI 不再是大型企业或者是传统行业的特权

现代的 CI 已经遍及社会生活的各个领域,例如,城市形象设计、栏目包装、影视行业等。尤其是近几年央视和各省市电视台纷纷打造特色形象,频繁推出特色栏目,通过电视台的整体策划和这些栏目的包装,有效地提高了电视台的收视率。比如,湖南卫视、浙江卫视等省级电视台成功的形象包装和有效地利用媒体资源打造了收视神话,也缔造了"我是歌手、中国新歌声"等节目,实现了平民造星的神话(见图 2-20)。

图 2-20　中国新歌声参赛学员海报（图片来源：中国新歌声新浪微博官网）

（二）新技术的发展，开拓了数字化特质的 CI 识别系统

以往公认的对于 CI 的划分是 MI（理念识别）、BI（行为识别）、VI（视觉识别），但随着大数据时代下数字信息技术的发展和数码媒体的兴起和普遍应用，人们获取信息的途径已不局限于平面媒体、纸质媒体了，因而必然导致原有 CI 构成体系的变化。CI 不仅应包括 MI、BI、VI，还应包括 AI（声音识别）和 DCI（网络识别）等多媒体识别技术，包括最近非常流行的 H5 技术。例如，最近可口可乐公司在纽约时代广场制作了一个 3D 户外广告牌，竟然直接创下了两项吉尼斯世界纪录。全新的广告牌由 1760 块独立移动的 LED 屏柱组成，成为世界上第一个，也是最大的"3D 机器人"广告牌。该广告牌最大的特色在于每一块小屏幕都可以通过程序操控"动起来"。据说可口可乐为了这块广告牌花费了整整四年多的时间进行设计、测试和制造，保证它能够适应所有天气状况。这块广告牌会针对上班族和游客量身定制广告，每天会根据不同的情况选择播出内容（见图 2-21）。

图 2-21　可口可乐 3D 户外广告牌（图片来源：中国可口可乐公司官网）

因此，可以看出数码技术中独特的数字设计语言使视觉传达领域经历了深刻的变化，并导致设计语言的重构。技术并不像人们想象的那样理性而古板，相反，技术的日新月异为人们的生活提供了更加舒适的可能，也为实现人性化的设计创造了条件，而这也正体现出科技的人文关怀。

（三）数字技术的发展促进了新设计风格的形成

信息数字时代的到来，使得信息行业获得了飞速发展的机会，现代科技企业的兴起要求企业的形象设计在风格上一定要打破原有的局限，体现高科技的独特魅力。像近年来比较流行的渐变风格设计、扁平化风格设计(或简单化风格),这些风格也都逐渐渗透到企业形象设计中,其共同特点是它们的媒介是基于计算机技术的,并且在视觉感受上呈现出很强的图形符号化,具有新生代的特色。

例如,苹果公司在 2021 年秋季新品发布会正式发布了 iPhone 13 系列手机。机型包括 iPhone 13 mini、iPhone 13、iPhone 13 Pro 和 iPhone 13 Pro Max(见图 2-22)。其中,iPhone 13 Pro 系列被苹果官方视为巅峰之作。外观上,iPhone 13 系列延续了"刘海"屏设计,全系列依然采用了经典的平直角边框设计。苹果方面称,两款 iPhone 的"刘海"都比上代减少了 20%。由于采用了全新的"深感镜头"设计,苹果对 iPhone 13 内部也进行了微调,其听筒位置放到了前置摄像头的上部。iPhone 13 的镜头也经过全新设计,背部双摄采用了对角线设计,这种设计是为了给电池预留更大的空间。

图 2-22　苹果公司 2021 秋季新品发布会(图片来源:苹果官网)

随着时代的更迭,人们对生活理解的变化,需求层次的上升,品牌获得人们认同的要素不断改变,每个品牌以不同的方式演绎着各自的形象化生存。数字化企业形象的未来包含在科技的未来之中,同样充满了未知的神秘色彩。但是我们必须意识到,大数据时代下的数字化是当代社会发展不可逆的主导趋势,它引发了社会的发展模式、经济技术模式和生活方式等多方面的深刻变革,也左右着人们精神文化领域的变化,企业形象的数字化进程同样是不可逆转的。可以预见到,在不久的将来大数据时代下数字化企业形象必然在数字媒体传播的舞台上继续大放异彩。

第 54 届金马奖主视觉 Logo 及海报设计

第 54 届金马奖颁奖典礼于 2017 年 11 月 25 日在台北市举行,表彰年度杰出华语电影作品与电影工作者。2017 年 8 月 30 日下午,本届金马奖主视觉 Logo 以及海报设计曝光。其设计者曾为金钟奖、金曲奖规划视觉的设计师方序中操刀打造。

他以香港导演王家卫 20 年前荣获坎城影展最佳导演的《春光乍泄》为灵感,并由王家卫亲自挑选其中两款作为本届金马奖海报设计。第 54 届金马奖主 Logo 以布幕的各种形貌从平整的、曲线的、放射开展等组合为抽象又优雅的"54"符号。图 2-23 所示为第 53 届金马奖 Logo 设计和第 54 届金马奖海报设计。

图 2-23　第 54 届金马奖主视觉 Logo 与去年对比图（图片来源：标志情报局网站）

方序中认为设计是来自脚踏实地的真实记忆，也是对大众的温柔提醒。这次受邀担任本届金马奖的视觉总监，而图 2-24 这款被昵称为"影痴版"的海报设计，是因为他只将《春光乍泄》中的瀑布画面投映于形态万千的布幕上。

图 2-24　第 54 届金马奖主视觉海报设计（图片来源：标志情报局网站）

方序中表示："对我来说，电影就像一场梦，而主视觉中出现的那个瀑布，就象征着梦境。在创作时我将自我投射成主视觉中的人物，而瀑布代表着梦想的世界，两者从小到大，建构出完整的电影感。"另一款海报则被昵称为"粉丝版"，张国荣、梁朝伟在布宜诺斯艾利斯的天台上留下迷人的身影。其实电影这块布幕亦如飞毯，可以带你至世界尽头，也能在爱与离别中咫尺天涯。张国荣、梁朝伟的杰出演技，让人心醉也心碎。看到海报的粉丝，大呼想要收藏，更期待在影展中重温这部经典之作。

除了致敬《春光乍泄》，金马奖执委会也刻意借用本片英文片名"Happy Together"之意，传达"电影之乐，乐在一同"的概念。不仅是电影创作者们有志一同完成作品设计，观众在影展齐聚银幕之前感同身受，欢声唱彩，未尝不是特有的同乐仪式。这也是本届金马影展给观众的邀请暗语，欢迎幕前幕后、拍电影和看电影的，都能一起来"Happy Together"。

（资料来源：http://mp.weixin.qq.com/）

通过学习本章内容,让学生了解CI战略的历史沿革及发展趋势,包括CI战略的基本要素及对国内外不同模式发展下美国型、日本型、西欧型CI战略的不同特征进行比较。着重阐述中国CI战略的特征及不同企业导入CI的类型。通过所学内容对未来CI战略在大数据时代下的发展趋势及动向进行详细把握。

1. CI战略中理念识别、行为识别、视觉识别的内涵、特征、功能及意义。
2. 从CI战略的发展历程来看,各国CI战略有何不同特征?
3. 根据所学内容,分析中国CI战略未来发展趋势及特点?
4. 赏析"国外"成功企业导入CI战略实例

目的:鉴赏"国外"成功企业形象发展过程,分析其设计理念和特色。通过对好作品的分析鉴赏,开阔眼界,丰富设计知识,增加对各种形式美感的认识,提高鉴赏能力和平面设计综合素质。

要求:在网上搜索"国外经典企业形象解析",认真仔细地观察其中的企业形象设计,对其中的色彩搭配、画面构图、创意思想等诸方面进行分析鉴赏,并挑选两幅自己最喜欢的设计作品,写出自己对其诸多方面的鉴赏分析报告,以提高自己的鉴赏能力和设计能力。

第三章

企业形象理念的铸造

1. 了解什么是企业形象的设计理念。
2. 了解什么是企业的价值观。
3. 掌握树立正确企业价值观的原则。
4. 掌握树立企业价值观的行为准则。

企业使命、企业理念、企业价值观

绵阳蜀小龙品牌形象设计

蜀小龙火锅店位于四川省绵阳市桃花岛,聘请国外知名设计团队设计店面装修风格,并融合了中国元素,宽敞舒适的就餐环境,别具一格的文化氛围,快乐、真挚、专业的服务水平,真正体现引领时尚、至尊至荣的消费感受。公司自始创以来,秉承"直营为基石,连锁联营,持续发展"的经营理念,在绵阳、成都、西安、无锡、上海相继设立直营店。经过十几年的发展,现已成为一家大型餐饮企业。

标志图形设计源自象征中国的华夏图腾龙纹,体现了蜀小龙火锅源自四川正宗的火锅之乡。公司秉承传承于最地道的四川味道,扎根于中国市场,用心做最正宗的四川火锅为理念,塑造最具有年轻活力的火锅新品牌的企业。

蜀小龙品牌标志通过弧线错落变化,构成韵律动感的龙形象。直叙式的传达赋予了图形浓浓的中国风、情趣盎然、张力无限。品牌标志传达了传统欢快、大气、循环不息的活力形象,淋漓尽致地表现出企业独具一格的经营属性(见图 3-1)。

图 3-1　蜀小龙品牌形象设计（图片来源：站酷网）

案例解析：
　　企业形象理念是指企业的指导思想或经营哲学，是企业倡导并形成的特有的经营宗旨、经营方针、企业价值观和企业精神的总称，是企业形象的核心内容。它规范和制约着企业及其员工的日常行为，对企业的生产经营发展起着指导作用。
　　（资料来源：文章部分文字来自第一饮食网 https://http://mini.eastday.com/）

　　企业形象理念体现出一个企业的使命和价值观，是企业发展的准则，也是企业发展、前进的必要条件。企业形象理念规范和制约着企业及其员工的日常行为，对企业的生产经营发展起着导向和指导作用。良好的企业理念可以在潜移默化中引导员工的观念和行为，激发员工士气，凝聚员工精神，推动企业发展。企业理念作为企业的灵魂和核心，影响着企业的一切存在，支配着企业的一切行为。

第一节　企业的使命

一、两层含义

　　企业使命是企业经营者确定的企业生产经营的总方向、总目标、总特征和总指导思想。企业使命是企业行动的原动力，它含有两层意思：功利性和社会性。

（一）功利性

　　从功利性来说，任何企业都将追求最大限度的利润作为其最基本的使命之一，这是大多数企业创立之初的目的，也是企业生存的根本，是企业的首要任务；同时它作为国家经济的构成细胞，必然对社会承担相应的责任，为社会的繁荣和发展完成应尽的义务，只有企业强大了，才可以增加社会就业，使民富裕；只有企业强大了，才能增加税收，使国强大。

（二）社会性

从社会性来说，企业社会责任理论认为，企业作为一个商业组织，不再是可以不考虑公众利益的独立实体，企业的社会责任最基本的是企业的法律责任，即不违背商业道德、遵守国家各项法律法规，高层次的责任就是企业的经营行为必须具有社会意义，就像企业的社会行为必须具有经济意义一样，去承担一定的社会使命。

为此，企业要想获得战略主动并且确保长久发展，必须在关注利润最大化目标的同时承担相应的社会责任。在实际中，功利和社会责任，企业要兼顾，舍去任何一个，企业都将无法生存。因此，明确了企业使命，就等于明确了企业自身存在的意义，找到了企业存在的位置。

企业使命是构成企业理念识别系统的最基础性的要素。简单地理解，企业使命应该包含以下的含义：企业的使命实际上就是企业存在的原因或者理由，也就是说，是企业生存的目的定位。不论这种原因或者理由是"提供某种产品或者服务"，还是"满足某种需要"或者"承担某个不可或缺的责任"，如果一个企业找不到合理的原因存在或者连自己都不能有效说服存在的必要性，企业的经营就会出现问题，也可以说这个企业已经没有存在的必要了。

二、定位

企业使命是企业生产经营的哲学定位，也就是经营观念。企业确定的使命为企业确立了一个经营的基本指导思想、原则、方向、经营哲学等，它不是企业具体的战略目标，或者是抽象地存在，不一定表述为文字，但影响经营者的决策和思维。其中包含企业经营的哲学定位、价值观凸显及企业形象定位。我们经营的指导思想是什么？我们应该如何认识我们的事业？我们应该如何看待和评价市场、顾客、员工、伙伴和对手等？

企业使命是企业生产经营的形象定位。它反映了企业试图为自己树立的形象，诸如"我们是一个愿意承担责任的企业""我们是一个健康成长的企业""我们是一个在技术上卓有成就的企业"等，在明确的形象定位指导下，企业的经营活动就会始终向公众昭示这一点，而不会朝三暮四。

企业使命是企业存在的目的和理由。明确企业的使命，就是要确定企业实现远景目标必须承担的责任或义务。企业使命是：企业是什么企业、为什么存在的界定和定位，它规定了企业应当承担什么，需要做什么。企业使命反映了企业的目的、特征和性质，是企业存在的意义和价值，或是企业所肩负的最大责任，这样的企业使命才具有约束力，明确企业任务，整合企业的所有资源，完成这些任务，为社会做出某种贡献。

例如，通用电气的使命是"以科技及创新改善生活品质"，而索尼的使命是"体验发展技术造福大众的快乐"，联想的使命则是"为客户利益而努力创新"。明确企业使命，也就是对本企业是干什么的，为哪一类顾客服务，对顾客的价值是什么，企业业务是什么等这些问题进行思考和做出回答。

广州市壹串通文化传播有限公司旗下有壹串通网站如图3-2所示，壹串通是华南地区有实力的品牌营销战略咨询公司，专注准上市公司企业战略咨询。公司创立于2003年，创始团队均来自企业资深高管，多年的一线企业操盘经验。企业多年来一直以"追求客户成长，成就自我价值"为企业使命，并将企业使命及企业文化做成展示墙放在工作环境中，潜移默化地影响每一位员工，让他们更有动力去完成自己的工作。

图 3-2　壹串通文化传播有限公司企业文化宣传图片（图片来源：壹串通门户网站）

三、重要性

20世纪20年代，AT&T的创始人提出"要让美国的每个家庭和每间办公室都安上电话"。80年代，比尔·盖茨如法炮制："让美国的每个家庭和每间办公室桌上都有一台PC。"到今天AT&T和微软都基本实现了他们的使命。

企业使命足以影响一个企业的成败。彼得·德鲁克基金会主席、著名领导力大师弗兰西斯（Frances Hesselbein）认为："一个强有力的组织必须要靠使命驱动。企业的使命不仅回答企业是做什么的，更重要的是为什么做，这才是企业终极意义的目标"。战略大师理查德·帕斯卡尔（Richard Tanner Pascale）说："逐渐地，国家的强盛将由该国公司的竞争力决定。"企业特别是跨国公司，在社会生活中扮演着日益重要的角色，因而企业生命体（社会的一个细胞），除了生物学本性外，还应肩负一定的社会责任。崇高、明确、富有感召力的企业使命不仅为企业指明了方向，而且使企业的每一位成员明确了工作的真正意义，激发出内心深处的动机。试想"让世界更加欢乐"的使命令多少迪士尼员工对企业、对顾客、对社会倾注更多的热情和心血。企业要想在当代社会竞争中生存和发展，必须主动适应社会节奏变化和不断改进自身内部环境，连接企业内部和外部环境才是企业可持续发展的战略，确立好企业的使命，就是明确地指明了企业未来发展的方向，是让企业长久发展的原动力。

好的企业使命具有极大的鼓舞性，一方面可以树立企业在消费者心目中的良好印象，提升企业品牌形象，建立好口碑，进而促进企业的可持续性长久发展；另一方面企业的员工也会产生一种使命感、荣誉感、自豪感，从而更加自觉地为实现企业使命努力工作，稳定企业内部人员构架，这些都对企业和社会和谐发展具有重大意义。国家的经济与社会发展，全赖于企业的活动、管理的突破、创新所带动的企业发展。企业正确使命的确定是制约企业乃至社会发展的关键。

第二节　企业的价值观

对于任何一个企业而言，只有当企业内部绝大部分员工的个人价值观趋向统一时，整个企业的价值观才可能形成。与个人价值观主导人的行为一样，企业所信奉与推崇的价值观，是企业的日常经营与管理行为的内在依据。

一、价值观的概念

企业价值观是指企业在追求经营成功过程中所推崇的基本信念和奉行的目标；是企业在经营中判断决策的原则和信仰写照；是企业提倡什么、赞同什么、遵循什么；是企业遵循的行为信条和精神信仰。从哲学上说，价值观是关于对象对主体有用性的一种观念。而企业价值观是企业全体或多数员工一致赞同的关于企业意义的终极判断。对于价值观来说，每个人都有不同的价值观，价值观就是做人的信条和原则，在不同的环境下，持不同价值观的人会产生不同的行为。企业也同个人一样，不同的企业在不同的经济领域中也有各自的企业价值观。这里所说的价值观是一种主观的、可选择的关系范畴。

确定一件事物是否具有价值，不仅取决于它对什么人有意义，而且取决于谁在做判断。不同的人很可能做出完全不同的判断。如一个把判断作为本位价值的企业，当利润、效率与创新发生矛盾时，它会自然地选择后者，使利润、效率让位。同样，另一些企业可能认为企业的价值在于致富、企业的价值在于利润、企业的价值在于服务、企业的价值在于育人。那么，这些企业的价值观分别可称为"致富价值观""利润价值观""服务价值观""育人价值观"。

企业价值观简而言之，就是企业决策者对企业性质、目标、经营方式的取向所做出的选择，是为员工所接受的共同观念。

- 价值观是企业所有员工共同持有的，而不是一两个人所拥有的。
- 企业价值观是支配员工精神的主要价值观。
- 企业价值观是长期积淀的产物，而不是突然产生的。
- 企业价值观是有意识培育的结果，而不是自发产生的。

因此可以说，企业价值观对企业来说具有超凡的价值，特别是在员工为消费者提供服务时，企业价值观显得特别重要。消费者在享受服务前会对企业服务和产品产生不同程度的期许，企业有必要将其承诺的服务和技术告知消费者。

二、核心

价值观是企业文化的核心。在企业中，企业的文化力量是巨大的，对内能潜移默化地影响员工的行为，对外能影响企业在人们心目中的印象，进而影响企业产品的销售。菲利浦·塞尔日利克（Philip Selznick）说："一个组织的建立是靠决策者对价值观念的执着，也就是决策者在决定企业的性质、特殊目标、经营方式和角色时所做的选择。"通常这些价值观并没有形成文字，也可能不是有意形成的。但无论如何，组织中的领导者必须善于推动、保护这些价值。总之，组织的生存其实就是价值观的维系，以及大家对价值观的认同。

实际上，企业文化是以价值观为核心的，价值观是把所有员工联系到一起的精神纽带；价值观是企业生存、发展的内在动力；价值观是企业行为规范制度的基础。企业价值观是企业精神的灵魂，保证员工向统一目标前进。它为企业的全体员工提供了共同努力的事业方向和个人行为的准则，在实现企业价值的同时也让每一名员工获得归属感和社会认同感。只有员工明确了企业的价值核心标准，他们才能领悟到自己是企业运作中不可缺少的一分子，才能确保任何时候都要与企业目标和利益站到同一立场，自觉做出维护企业利益和企业形象的决定。

企业的价值是企业的管理方法形成的最初源头，并不是一种管理模式。它是企业员工之间处理问题、解决问题的方法，并不是一种工作方式；它是企业员工对工作的一种态度，并不是一种工作流程。用企业文化价值观来激发员工的工作热情和主观能动性，是企业管理的重头戏，是企业的各级管理人员要认真考虑的。管理者要明确什么是企业最实际、最有效的价值观，然后不断地研讨和讨论，使这些价值观永葆活力。事实上，这样做有助于大家统一思想,步调一致,促进发展。

三、价值观的重要性

无数例子证明,企业价值观建设的成败决定着企业的生死存亡。因而,成功的企业都很注重企业价值观的建设,并要求员工自觉推崇与传播本企业的价值观,企业价值观的重要性体现在以下4个方面。

首先,具有指导方向的作用。价值观作为企业的价值目标、价值取向、价值标准,是企业内部的行为意识,也是企业员工的行为规范准则,是企业的发展方向。有的企业唯利是图,追求一时的金钱利益,不顾法律和社会的行为道德准绳,这样的企业即使暂时获得了经济效益,但是不会发展长久,最终还是会被社会、被消费者所淘汰。而以法律及社会道德为根本的办企原则,服务至上、顾客至上,德利兼顾为价值观的企业,则会走向最终的成功。

其次,具有规范行为的作用。企业价值观作为一种核心精神力,能让企业员工无论在思想观念上还是工作执行上都要把握好自己的行为准绳,在正确的企业价值观领导下,每个员工都会自觉地按照企业价值观要求自己,不断地改进自身错误,从实现自我价值到实现企业价值的过渡,进而在生产工作中将企业价值观发扬最大化,完成企业目标,实现企业使命。

再次,具有凝聚员工的作用。企业价值观是企业的精神,是企业发展的驱动力。当企业价值观成为每个员工的个人目标时,能使员工把个人利益和企业利益紧密联系起来,让员工将企业的利益当成自己的利益,将企业的得失当成自己的得失,把企业的良好发展当作自己的责任和义务,激励员工将实现企业更好、更快的发展作为自身奋斗的目标。

最后,具有树立企业形象的作用。正是因为企业特有的价值观,才让企业拥有特有的行为方式和思维方式,形成企业的对外形象。而每个企业都十分重视企业的对外形象的塑造,特别是在一些慈善事业和医疗捐助事业上都不遗余力地慷慨解囊,都是为了在消费者心目中树立一个良好的企业形象,进而对外推荐企业的价值观,促使消费者更乐意购买本企业的产品或服务,使企业形成一个良性循环发展的模式。为了让企业员工了解企业的价值观,价值观应该用具体的语言表示出来,而不应抽象难懂、过于一般化。

例如,海尔公司把价值观表示为"真诚到永远";而阿里巴巴的价值观则是:客户第一;拥抱变化;团队合作;激情;诚信;敬业(见图3-3和图3-4)等。同时,不同的企业,其价值观最好使用不同的语言来表示,避免雷同,要做到这点虽然很难,但应努力去做,使价值观能够反映本企业的基本特征,能够把本企业的对内对外态度和另一个企业区别开。

图3-3　海尔企业价值观(图片来源:海尔集团官网)

图3-4　阿里巴巴"六脉神剑"价值观
(图片来源:淘宝大学官网)

第三节　企业的离心力与向心力及准则

一、离心力与向心力

企业形象统一性与个性化是一个对立统一的矛盾体。CI 设计的目的就是为了达到一种一致性，一种视觉上的统一性。但是我们说的形象统一，指的是一种具有个性的形象统一。企业理念是企业统一化的识别标志，但同时企业理念也要表明自身独特的个性，即突出企业与其他企业的差异性。这种差异性正是公众识别最重要的地方。企业理念在企业实际运营中的这种作用有人用"离心力"和"向心力"来形容。向心力就是以企业理念作为一种基准，一切都服从和围绕着这个基准，我们称之为形象统一的向心力。就像地球总是围绕太阳转，有着相互的关系和一定的轨迹。又由于自身作为一种旋转的关系，因此也免不了会出现一些远离基准的现象，在物理学中我们把这种现象称为离心力。这既是向心力的一种补偿关系，同时也是一种整体感和个别性方面的问题。在这种情况下，只要能把握住这种离心力、个别性，就能给整体带来好的效益。因为离心力虽然开始背离轴心，但它确实是一种新的动力。由此可见，过分地强调离心力时，将会失去整体形象的统一，可是过分地反对离心力的向心力，同时又会失去新的生命力。

这个形象的比喻的确说出了企业理念的功能。向心力和离心力的作用方向相反，但在整个企业中，它们像物理学中做圆周运动的物体那样，是相辅相成、缺一不可的。它们是同一事物的两个方面。向心力和离心力的圆心就是企业理念，它包括了企业使命、经营思想和行为准则。对于企业内部而言，它通过企业使命和行为准则规范教育广大员工，使其产生一种团结、凝聚的向心力量。对于企业外部而言，它又是以经营思想、指导方针为出发点对企业外界施以影响力。正是通过这种向内、向外的不同作用，企业理念的实际运作系统才能得以确立。在这方面实际策划的处理上，励忠发先生在《CI 设计的春天》一书中介绍了 PAOS 公司的做法。PAOS 公司往往是分成几期来进行的，第一期，主要是抓住形象统一的向心力，解决基本要素和方向性方面的问题。第二期，才是所谓离心力的个别性 CI 设计。也就是说，在形象方面有了明确的企业理念后，再通过各种个性的设计，又会产生 CI 的新效果。这既是一个形象的统一与个别性方面的问题，同时也是一种统一性和多样性方面的关系问题（见图 3-5）。

图 3-5　励忠发先生的《CI 设计的春天》

二、企业的设计准则

企业和做人是一样的,所谓君子有所为有所不为。企业准则一般是指企业所有员工在其各自的工作岗位上应遵守的有关具体规定和制度。如服务公约、劳动纪律、工作守则、操作规程、考勤制度等。中国加入世贸组织给我国企业带来了前所未有的机遇与挑战。为了在国际竞争中立于不败之地,企业的当务之急是加强自身建设,特别是企业基础工作的建设,以强化内部管理和增进效益,而企业准则的设计则是重要项目之一。

第四节　企业的个性化

成功的企划必须要有个性,所谓企划的个性,就是指企划者依据自己的哲学信念和审美情趣,将设计的营销活动立意及表征区别于市场中其他的营销方案,用新颖独特的魅力吸引广大消费者,引起共鸣而获得支持。问题是对企业的策划人员来说,怎样才能使企划具有个性化呢?

一、企划的个性化必须与内容统一

产品的核心效用是为了满足人们的需求。产品不同,满足的需求也不同。通常来讲,不同类产品营销策划的差异性比较明显。如生产电视机和生产香皂的厂家绝不可能用等同的格调和视觉方式去做广告,更不可能用相同或类似的方案去促销产品。

企划的个性化的困难主要是针对同类产品而言。同类产品的企划要突出个性,不是在产品的核心效用上下功夫,而是在形式产品和扩大产品以及产品的广告设计上下功夫。企划人员在策划时,必须抓住这些基本内容,或夸张或巧妙地突出一个或几个侧面,引起消费者的心理共鸣,留下深刻的产品印象。例如,白兰香皂的广告策划就很好地说明了这一问题。

白兰香皂初次上市时,广告主国联工业公司委托国和传播公司进行广告策划。在当时的中国台湾市场,知名度很高的香皂已有快乐、樱桃、玛莉、天香、美琪等十多个品牌。而且每个品牌的市场占有率都不超过15%。要进入这个市场,首先应确立拥有个性的企划。如应该用什么香味?应该做成怎样的形状,用何种款式包装?如何定一个适当的名称?品质如何?价格定为多少?

经过市场调研,最后在香味方面采用大多数消费者乐意接受的幽香香味,配方力求单纯。因为复杂配方的香味让人闻后有沉闷感。在制成品形状上,决定采用枕头型,既别具一格,又易于握在手中使用。包装方面为求得同许多同类产品陈列时有突出感,品名决定同原产销多年的白兰洗衣粉统一,使用"白兰牌",易记忆又能关联性地增进好感。品质方面力求胜过同类产品;售价方面,在初期同其他品牌持平,以求争取更多的消费者购买。

在广告方面,策划了五组广告系列性上市,第一则主题:"我们不卖香水",那么卖什么呢?香水之后出现的是一种新香皂,大家一笑之中注入了新产品的印象。第二则主题:"我们不卖鸡蛋",画面显示新产品制造原料中含有润肤的蛋白霜(其他产品没有)。第三则广告主题:"你不在乎我的心,我们在乎。"即便用到薄薄一片,仍然很好用。第四则广告主题:

"不是吃的月饼",画面表现消费者不要只想到购月饼当礼品,香皂也可以赠送亲友。第五则广告主题:"钞票夹子",买香皂附赠精巧钞票夹一个,刺激消费。

由广告学来看,上述广告都是采用反诉求方式,每一则内容都特别,基本突出了扩大产品各方面的个性,能刺激消费市场。由于策划方案兼顾了产品的内在特质,形式力求别具一格,因此它对产品促销起到了巨大的作用。

二、有生命的企划在于差异性

人类对差异性有先天的反应。不管多么杰出的企划,如果相同的东西连续多次出现之后,就不会在感觉上产生反应。因此,企划人员必须善于认识和判断差异,有意识地利用差异来进行企划活动。我们以香皂产品为例。中外合资企业、上海利华厂生产的"力士"香皂,是一种质量上乘的高档香皂,价格定位偏上。厂家在大陆市场行销时,首先遇到的问题就是怎样策划广告。香皂的市场竞争激烈,各种品牌的广告不断地抢占权威媒体。为避免形式雷同化,"力士"香皂力求不落俗套,并能紧扣消费者心理。

广告设计制作是否成功,很大程度要求策划者有意识地利用差异意识,引起消费者无意识记忆,凡是被消费者无意识记住的东西一定是其非常感兴趣的东西。为此广告画面力求简单。为增强效果,"力士"广告邀请了国际著名影星娜塔莎·金斯基(Nastassja Kinski)出场,画面最后还道出一句话:"我只用力士"。虽然只有五个字,短暂间的感召力量却是强大的。

力士广告策划的个性在于它成功地利用了广告心理学的暗示原理。娜塔莎·金斯基清纯迷人的形象,强化了消费者求美的心理。突出了力士香皂高档次的质量,增进了消费者对产品的信任感。同时也满足一些崇名心理的消费需求,从而扩大了产品销路。相反,以后国内其他香皂厂家也沿用"力士"广告的模式,邀请了国内著名歌星、影星等做广告,由于是雷同性策划,模仿的结果必然是企划效果不佳。

三、追求个性的企划必须具有冒险意识

有位企划大师曾经说过:做企划如果能加进一些野性、冒险心和幽默感,就可以成为一流的企划者。因为这样不仅呈现出产品强烈的个性,同时也造成了其他企划所不及的明显差异性。当然,要想将野性和幽默感都纳入企划,是需要自信和经验的。若是凭空想象,随意造作,便会适得其反。广东顺德华立实业有限公司在顺德区北滘镇投资2.8亿人民币(一期工程)兴建"国家星火科技城"就是一个典型案例。

三家民营公司代替政府兴办国家级星火科技样板城,不能不说是一件充满冒险行为的举措。1994年,作为公司总经理的张长立先生在构思这个方案时,大多数人都为之担忧,一旦失败即意味着惨淡经营近十年的心血皆付东流。但是,凭借多年在房地产和产业经营方面的经验,直觉告诉张长立先生,这不仅是一台大戏而且非常"有戏"。星火计划是国家的大政方针,实施十年来已取得辉煌的成就。

目前全国星火计划的企业已达10万余家,产品年产值近2000亿元。全国直接或间接从事星火计划技术的科技人员已逾百万。初级阶段的发展已告段落,后十年星火计划战略发展的突破口又在哪里呢?这正是张长立先生想到要在我国第一个国家星火产业示范镇顺

德区北营镇建立国家星火科技城,第一个国家星火科技大市场,第一座国家星火科技大厦的决心。把这块基地作为星火大市场的神经中枢,依据先进的信息网络构建商品、信息、技术、人才、资源、投资六大市场。解决星火企业之所急。

企划的个性带有一定冒险性,冒险阶段并非平常人所能共识,但是不平凡人总是有。留洋归国、曾做过大学教授的北营镇镇长周冠雄先生立即领悟了这项策划的分量。作为一方政府,划出了账号,划出了土地,立下了承诺。企划一旦确立,就要实实在在地干下去。华立公司投资2000万元购买了紧挨广珠公路的8万多平方米的土地作为星火城的建设用地。同时在北京丰台高科技工业园投资兴建国家星火科技信息网络中心。一大批学士、硕士、博士加入这个冒险的创业行列。在六大市场中选择商品的"联企促销"为突破口,一些省市二级站已经建成,商品促销网络已初步形成,投入不足一年,竟有30多亿元的物资进入商品网络数据库。

1995年3月国家科委正式批复同意顺德北营镇科技城为"国家星火科技城",并同意筹办"中国星火信托投资公司",允许筹办"中国星火科技学院"。同时国家内贸部将全国8700亿元滞销产品委托星火联企促销中心入网运作促销。华立公司投资的总目标虽然还未达到,但是曙光已见,地产估价已由2000万元升到1.3亿元,国内联网的七大商品联企促销中心的运作已进入良性循环,华立公司的业绩已得到国务院肯定。由这个案例可以看出,杰出的企划有极大的风险。有位股票专家说过,风险大的事业正是利润最高的事业。企划的风险大,企划带来的超利润也大。同时风险的超前性,使得企划总是以"第一"的面目出现,新颖别致。企划人员必须有丰富的经验,才能游刃于风险之中。总之,成功的企划必须要有差异性,再好的模仿性企划都不会发出耀眼的光泽。企划的个性化必须同企划的内涵特质相统一,要因地制宜,因产品制宜,突出特色,强化个性。但是,追求个性往往会使企划充满风险。企划人员要游刃于风险,除了有风险意识,还要有丰富的经验。

企业视觉识别 VI

根据专家的研究,在信息社会中,企业的视觉识别系统几乎就是企业的全部信息载体。视觉系统混乱就是信息混乱,视觉系统薄弱就是信息含量不足,视觉系统缺乏美感就难以在信息社会中立足,视觉系统缺乏冲击力就不能给顾客留下深刻的印象。在这个意义上,我们可以断言,缺乏了视觉识别,整个CI就不复存在。

视觉识别系统原则上由两大要素组成:一为基础要素,它包括企业名称、企业标志、标准字体、企业标准用色、企业造型或企业象征图案以及各要素相互之间的规范组合。二为应用要素,即上述要素经规范组合后,在企业各个领域中的展开运用。包括办公事务用品、建筑及室内外环境、衣着服饰、广告宣传、产品包装、展示陈列,交通工具等。

基础要素是以企业标志为核心进行的设计整合,是一种系统化的形象归纳和形象的符号化提炼。这种经过设计整合的基础要素,既要用可视的具体符号形象来展示企业的经营理念,又要作为各项设计的先导和基础,保证它在各项应用要素中落脚的时候保持同一面貌。通过基础要素来统一规范各项应用要素,来达到企业形象系统的一致性。

高水平的视觉识别系统是对企业形象设计进行的一次整体性的优化组合。不是将基础要素一一搬上应用领域,而必须考虑到基础要素在办公用品、广告宣传、包装展示等各类不同应用范围中出现时,既要保持同一性,又要避免刻板机械。这些基础要素在具体应用中要能给予包装、广告、名片等各类设计带来生机与活力,带来良好的视觉效果,引起人们的美感。

（资料来源：《中国新技术新产品》,2009(3) 范丽娟）

瑞士维特拉家具公司

　　20世纪,人类社会在各方面都取得了巨大的进步。科学技术的迅速发展,大规模制造的工业技术和艺术设计创新,造就了现代家具工业体系,使现代家具成为20世纪一道独特的风景线,领导着消费潮流,指引着生活时尚。

　　瑞士的维特拉家具公司作为一个享誉欧洲的一流现代办公家具公司,在全球独树一帜地全面塑造公司形象,树立设计文化理念,建立了全世界第一个专业的现代家具设计博物馆,收藏了150年以来现代家具设计的经典作品将近3800件,面向大众开放,并到全世界巡回展出,极大地推动了现代家具设计的发展。

　　维特拉家具公司的整体厂房建筑分别由全球数位建筑大师设计,成为现代家具工业建筑最高水平的象征。维特拉家具公司由当代最著名的家具设计大师设计产品,维特拉现代设计博物馆成为全世界设计专业人士心目中的"麦加"圣地;自从1989年开放以来,每年有3万多人前来参观、考察、学习和研究现代家具设计。维特拉家具已经成为当今全世界最具文化价值的、知名度最高的家具品牌。

　　新的维特拉公司和厂区实际在德国边境小镇魏尔市,紧靠德瑞边境,从瑞士巴塞尔市中心乘坐50路公共巴士往北行驶,就可以直达维特拉,但在路途中已经跨出瑞士边境。维特拉家具公司是1934年由瑞士人威利·费尔鲍姆(Willy Fehlbaum)创办的维特拉家具制造厂。在第二次世界大战后20世纪50年代中期维特拉公司扩大家具制造领域,进入现代办公家具的设计与制造。

　　一开始,他们就瞄准美国著名办公家具集团米勒公司(Herman Miller)的一流家具设计,并在1957年获得了米勒公司在欧洲的生产代理权,此后与米勒公司的著名家具设计大师查尔斯·伊姆斯(Charles Eames)夫妇,乔治·尼尔森(George Nelson)建立了密切的合作关系。从此,维特拉跻身国际一流办公家具设计制造行业之列(如图3-6所示)。

　　1977年,威利·费尔鲍姆年迈退休,把公司交给他的儿子拉夫费尔·鲍姆(Rolf Fehlbaum)掌管。拉夫费尔·鲍姆继承父业,大展宏图,使维特拉公司走上了高速发展的快车道。拉夫费尔·鲍姆是一位献身于现代设计艺术,把企业发展与企业文化、艺术设计紧密相连的现代家具企业家,特别致力于全方位地构建公司的设计文化。

　　在与美国设计大师合作的基础上,公司进一步把这种合作扩展到欧洲其他国家,从全球发展的战略高度,又邀请了一批极具创新意识的前卫家具设计师为维特拉设计家具产品,使维特拉成为"先锋派"设计师的试验基地,索特萨斯

图 3-6　维特拉公司产品及设计师（图片来源：网易）

(Sottsass)、潘顿(Panton)、阿拉达(Arad)、斯托克(Starck)、尼尔森(Nelson)等 20 世纪 80 年代以来的一大批设计大师加盟了维特拉的产品设计(如图 3-7 所示)。

图 3-7　维特拉公司标志及维特拉现任老板拉夫费尔·鲍姆（图片来源：网易新闻）

　　通过与世界各国设计大师的合作，维特拉家具公司一跃成为欧洲的著名家具公司，同时，许多设计大师在维特拉的设计实践，都为维特拉留下了许多珍贵的第一手设计档案资料，包括众多设计大师的手稿、草图、模型，更重要的是同时积累、收藏了一大批家具实物作品。1988 年，蕾·伊姆斯去世后，根据伊姆斯夫妇的意愿，伊姆斯设计师事务所把他们生前所有的设计资料全部捐献给了维特拉家具公司。

　　1987 年，拉夫费尔·鲍姆遇见了著名的家具收藏家亚历山大·凡·威吉萨克(Alexander von Vegesak)，他收藏了一大批 1880—1945 年的经典家具设计作品，经过两人的协商，决定把所有收藏合并，并初步决定在新厂区兴建一座现代家具设计博物馆来陈列、展示这些经典家具作品，它是一个为促进现代设计发展而提供展示、学习、研究的机构。

　　维特拉设计博物馆(Vitra Design Museum)是由来自美国现代解构主义建筑大师弗兰克·盖利(Frank Gehry)设计的。这座白色的建筑就像跳跃的抽象几何组合雕塑，体现出极强的创造激情，动感十足，充满张力。博物馆的内部空间设计互相渗透又彼此联系，有展览大厅、图书馆、办公室、工作作坊、库房等。建筑前面的绿茵草坪广场上矗立着由著名雕塑家奥登堡(Oldenburg)创作的名为"均衡的工具"(Balancing Tools)的抽象雕塑(由铁锤、钳子、螺丝刀组成)，进一步画龙点睛地凸显出维特拉家具的文化内涵，整个维特拉新厂房成为一个当代建筑大师的作品博览会。维特拉成为全世界建筑、家具专业人士心仪的朝圣地,同时,"Vitra"也成为全球最具设计文化价值的著名家具品牌(见图3-8)。

图3-8　维特拉公司设计博物馆(图片来源:网易新闻网)

事实上,维特拉已经是国际上高品质设计的代名词,设计已经是维特拉企业精神的重要组成部分。在这个基础上,维特拉公司的领导层高屋建瓴,不满足于仅仅是家具的设计、制造和销售,而是更上一层楼,全方位地构筑家具文化:大量收藏现代家具经典作品,创建全世界第一个现代家具设计博物馆,举办各种设计展览活动,并且组织到全世界各国巡回展览;同时大量收集整理家具设计大师的设计作品,对设计理论进行研究,出版一系列20世纪现代大师的家具设计著作,为全世界的专家、学者提供学术研究的条件;面向大众开放,为少年儿童的设计学习活动提供工作作坊。这一切都大大地超越了一个普通家具企业功能的限制,体现了一个现代企业家的博大胸怀和社会责任感,为当代家具的设计文化发展留下载入史册的功名。1995年维特拉公司因为成功的企业文化和综合的经营理念,引导设计潮流而获得欧洲设计奖(见图3-9)。

图3-9　维特拉产品及公司内部展示(图片来源:百度图片)

维特拉的企业文化、经营理念的成功案例非常值得中国当代的家具企业学习和借鉴。21世纪的中国家具工业在呼唤中国自己的设计大师、中国自己的家具品牌,也迫切地需要构建中国自己的现代家具文化,这是我们要加紧努力并为之奋斗终生的。

本章主要讲授企业价值观的塑造,理解企业价值观怎样体现。怎样树立企业的价值观和行为准则,帮助学生拓展设计思维,使学生理解企业价值观的重要性,深入地了解与正确掌握知识点,为塑造企业品牌形象打下坚实的基础。

1. 为什么要树立正确的企业价值观?
2. 企业的准则对企业有什么帮助?
3. 企业的使命、价值观、准则有什么相似之处和不同?
4. 设计制作"中外海运有限公司"总经理名片。

背景:今天公司来了一个客户,要求制作一张总经理名片。公司将这个任务交给了小梁,让他为这个客户设计制作名片。

任务:了解名片制作的要素,进一步熟悉企业形象理念所包含的内容。企业视觉识别最基本要素标志、标准字、标准色等被确定后,就要从事这些要素的精细化作业,开发各应用项目。

分析:现实生活中,交换名片是一种人与人之间进行交流的方式。通过交换名片可以使人们互相了解对方的职业或工作性质,建立人与人之间一定的了解,很有亲切感。因而名片在现实生活中扮演了重要角色。

完成一个名片设计制作任务。首先需要确定名片的风格、类型,其次要确定名片需要运用的元素,并准备、收集素材,构思,然后选择制作方法。

第四章

企业形象设计的原则

学习目标及要点

1. 了解企业形象设计的基本原则。
2. 了解如何在设计时体现企业的个性。
3. 掌握现代企业形象设计的基本特征。
4. 熟练掌握和使用形象设计的基本原则。

核心概念

同一性、差异性、有效性、象征性、民族性

引导案例

21cake 烘焙形象设计

21cake 烘焙是以恒久的信念,发扬烘焙文化和传递幸福美味的企业理念。保持手工传统烘焙的精神,锐意创新甜品样式。这就是 21cake 的定位——健康、无防腐、用心做产品、创新化的烘焙商家。

21cake 是由北京廿一客食品有限公司于 2004 年 5 月创建的蛋糕品牌,品牌确立来自其创始人姚磊对《21 克》电影的钟爱——传说人类灵魂的重量就是 21 克,而他希望把 21cake 打造成为有生命力、有灵魂的蛋糕。于是,这家没有实体店铺的蛋糕,自诞生之日起就肩负了这个卓尔不群的使命,亦开创了烘焙食品行业的新模式。

在蛋糕形式上最大的创新。21cake 按照路长全的切割营销理论,直接从蛋糕市场中切了一刀,别人是圆形的,而 21cake 只做方形蛋糕。这是一个绝妙的创意,看似浅显得不能再浅显,却十分有效地在一个成熟市场中建立起自己的独特个性。因此企业的标志主体设计也是一个方形蛋糕的形状,将产品特点凸显得淋漓尽致,统一的棕色色调,打破以往蛋糕品牌标志设计所用到的饱和度较高,颜色较为鲜艳的传统用色。让整个标志在众多品牌中脱颖而出,叫人过目难忘,如图4-1所示。

图 4-1　21cake企业标志及包装设计(图片来源:站酷网)

在进行 CI 策划设计时,必须把握同一性、差异性、民族性、有效性等基本原则。我们在设计原则的指导下才能正确地把握设计方向,才会设计出符合企业个性和特色的设计,设计不是跟随,而是在众多同类设计中脱颖而出,给消费者以深刻的影响,才能用最快的时间建立企业印象,才能更好地推广企业产品和服务(见图 4-2 和图 4-3)。

图 4-2　21cake 宣传册设计(图片来源:花瓣网)　　图 4-3　21cake 网站设计(图片来源:21cake 官网)

案例解析:

随着社会主义市场经济的不断深入发展,企业之间的市场竞争逐步从产品质量、价格和服务的竞争,发展到企业知名度和影响力之间的竞争,即企业在广大消费者心目中"形象"优劣之间的竞争。因此,如何塑造企业形象,怎样以良好的企业形象去争取更大的市场份额,成为越来越多的企业家所关注的焦点,企业形象塑造已经成为当今经营战略的重要组成部分。因此,我们在设计中要把握好企业形象设计的基本原则,才能设计出好的作品。

(资料来源:部分内容来自 21cake 官网.)

任何设计总是遵循一定的原则和规律而进行的,企业形象设计要遵循哪些设计原则?在版面编排上又要遵循哪些设计原则呢?

第一节 同 一 性

为了达成企业形象对外传播的一致性与一贯性,应该运用统一设计和统一大众传媒,用完美的视觉一体化设计,将信息与设计个性化、明晰化、有序化,把各种形式传播媒体的形象统一,创造能存储与传播的统一的企业理念与视觉形象,这样才能集中与强化企业形象,使信息传播更为迅速有效,给社会大众留下强烈的印象与影响力。对企业识别的各种要素,从企业理念到视觉要素予以标准化,采用统一的规范设计,对外传播均采用统一的模式,并坚持长期一贯的运用,不轻易进行变动。要想达成统一性,实现 CI 设计的标准化导向,必须采用简化、统一、系列、组合、通用等手法,对企业形象进行综合的整形。

一、简化

对设计内容进行提炼,使企业形象在满足推广需要的前提下尽可能条理清晰,层次简明,结构优化。如 VI 系统中,构成组合的元素结构必须化繁为简,有利于标准的实施(见图 4-4)。

图 4-4 北极熊服饰 VI 手册设计(图片来源:花瓣网)

二、统一

为了使信息传递具有一致性和便于为社会大众所接受,应该把品牌和形象不统一的因素加以调整。品牌、企业名称、商标名称应尽可能的统一,要做到清晰明确,给人以统一的视觉印象。如北京牛栏山酒厂出品的花灯牌北京醇酒,厂名、商标、品名极不统一,在中央广播电台播出广告时,很难让人一下记住,如把三者统一,信息单纯集中,其传播效果就会大大提高。统一的设计会让人们对品牌印象加深,继而容易形成清晰明确的印象(见图 4-5)蟹三胖餐饮品牌的视觉形象里的品牌的名称、企业名称、商标有一致性,这个一致性不仅是名称运用的一致,在设计风格上也是高度统一的,和企业的品牌经营理念及店面的整体设计风格都达到了高度一致的统一。

图 4-5　蟹三胖香辣蟹品牌设计（图片来源：开心老头设计）

三、系列

对设计对象组合要素的参数、形式、尺寸、结构进行合理的安排与规划。如对企业形象战略中的广告、包装系统等进行系列化的处理，使其具有家族式特征，鲜明的识别感。将设计基本要素组合成通用性较强的单元，如在 VI 基础系统中将标志、标准字或象征图形、企业造型等组合成不同的形式单元，可灵活运用于不同的应用系统，也可以规定一些禁止组合规范，以保证传播的统一性。

例如：鸡同鸭讲品牌设计中，以二次元扁平化为元素，以品牌标志为主要原型，设计出系列辅助图形和品牌标志相辅相成，让人印象深刻（见图 4-6）。

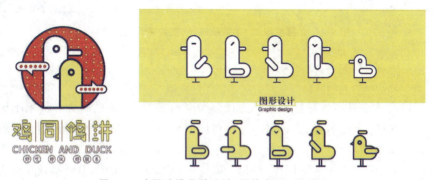

图 4-6　鸡同鸭讲品牌设计（图片来源：站酷网）

四、通用

通用即指设计上必须具有良好的适合性。如标志不会因缩小、放大产生视觉上的偏差，线条之间的比例必须适度，如果缩小太密后就会并为一片，要保证大到户外广告小到名片均有良好的识别效果。当媒介面积较小时,不宜出现复杂化的标志。当然,这一点作用,目前在 VI 设计中也逐步被辅助图形所代替。例如,图 4-7 所示为 adidas 品牌的胜利三条杠标志,便是为适应不同媒介考虑而生的。

图 4-7　adidas 企业标志及辅助图形在产品设计的应用(图片来源:花瓣网)

五、同一

同一性原则的运用能使社会大众对特定的企业形象有个统一完整的认识,不会因为企业形象的识别要素的不统一而产生识别上的障碍,增强了形象的传播力。

第二节　差　异　性

企业形象为了能获得社会大众的认同,必须是个性化的、与众不同的,因此差异性的原则十分重要。差异性首先表现在不同行业的区分,因为在社会大众心目中,不同行业的企业与机构均有其行业的形象的特征。比如化妆品企业与机械工业企业的企业形象设计应截然不同。

在设计时必须突出行业特点,才能使其与其他行业有不同的形象特征,有利于识别认同。其次,必须突出与本行业中其他企业的差别,才能独具风采,脱颖而出。例如,国内知名的五大名牌手机制造企业:vivo、OPPO、华为、小米、金立,其企业形象均别具一格,十分个性化,有效地获得了消费大众的认同,在竞争激烈的手机制造市场上独树一帜(见图 4-8)。

图 4-8　vivo 企业标志、OPPO 企业标志、华为企业标志、小米企业标志(图片来源:花瓣网)

微软的口号是"以人为本，追求智慧"。微软拥有出色的管理队伍和技术人才，有高度统一的竞争策略和组织目标，拥有灵活的组织机构。微软人有一种敢于否定自我，不断学习提高的精神，因此微软产品开发能力强，生产效率高。可口可乐的口号"积极乐观，美好生活"体现出可口可乐改变世界的承诺，通过改进生活和工作方式，在每一件事情中融入可持续发展的理念（见图4-9）。

图4-9　微软企业标志、可口可乐企业标志（图片来源：花瓣网）

第三节　民　族　性

企业形象的塑造与传播应该依据不同的民族文化，美、日等国许多企业的崛起和成功，民族文化是其根本的驱动力。美国企业文化研究专家秋尔和肯尼迪指出："一个强大的文化几乎是美国企业持续成功的驱动力。"驰名于世的麦当劳和肯德基独具特色的企业形象，展现的就是美国生活方式的快餐文化。而国内外知名企业王致和，则展现的是浓浓的中华传统人物形象和书法字体，能够让消费者一目了然地了解产品特性和历史渊源（见图4-10）。

图4-10　麦当劳、肯德基企业标志、北京王致和食品企业标志（图片来源：Logo圈）

塑造能够跻身于世界之林的中国企业形象，必须弘扬中华民族传统文化优势，灿烂的中华民族文化，是我们取之不尽、用之不竭的源泉，有许多我们可以吸收的精华，有助于我们创造中华民族特色的企业形象。

第四节　有　效　性

有效性是指企业经营策略与设计的CI计划能得以有效地推行运用，CI是解决问题的，不是企业的装扮物。因此，能够操作和便于操作，其可操作性是一个十分重要的问题。企业

CI 计划要具有有效性,能够有效地发挥树立良好的企业形象的作用。首先,在于其策划设计必须根据企业自身的情况,企业的市场营销的地位,在推行企业形象战略时确立形象定位,然后依据定位进行发展规划。

在这一点上协助企业导入 CI 计划的机构或个人负有重要的职责,一切必须从实际出发,不能迎合企业领导人一切不切实际的心态。例如某企业产品在市场上刚有较好走势但实力并不雄厚的一家企业导入 CI 计划时,第二次接触时该企业领导人即提出要在五年内进入全国 100 家企业前几名等过于盲目乐观的规划与想法。如果满足商家这种不正常心态,来构建企业形象战略的架构,其有效性将大打问号,事实上,一年之后该企业由于营销上的失误全面跌入了低谷。

企业在准备导入 CI 计划时,能否选择真正具有策划设计实力的机构或个人,对 CI 计划的有效性也十分关键。CI 策划设计是企业发展一笔必要的软投资,是一项十分复杂而耗时的系统工程,是需要花费相当经费的。有的企业谈及其 CI 战略时,得到企业领导的认同,但是因为设计费用双方给出的差距太大未能合作,后来该企业花极低的费用找到了一家广告公司,推出的标志、吉祥物等企业形象要素水平十分低劣,其有效性可想而知。

要想保证 CI 计划的有效性,一个十分重要的因素是企业主管要有良好的现代经营意识,对企业形象战略也要有一定的了解,能尊重专业 CI 设计机构或专家的意见和建议。因为没有相当的投入,无法找到具有实力的高水准的机构与个人。例如,胖哥俩肉蟹煲品牌在使用原有标志几年之后,感到设计老旧,不符合消费者审美和店面扩展的需求,因此又重新设计了新的标志和企业 CI 形象(见图 4-11)。

  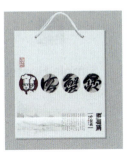

图 4-11 胖哥俩肉蟹煲标志及部分 VI 应用设计(图片来源:开心老头子设计)

后期的 CI 战略推广更是要投入巨大的费用,如果企业领导在导入 CI 计划的必要性上没有十分清晰的认识,不能坚持推行,那么前期的策划设计方案就会失去其有效性,变得毫无价值。

第五节 象 征 性

在视觉识别系统中,象征图形是作为一种附属于辅助要素出现的,配合标志、标准字、标准色、企业造型等基本要求而被广泛、灵活地运用,有着不可忽略的功能作用。在识别系统中,除了企业标志、标准字、企业造型外,具有适应性的象征图案也经常被运用。象征图案又称装饰花边,是视觉识别设计要素的延伸和发展,与标志、标准字体、标准色保持宾主、互补、衬托的关系,是设计要素中的辅助符号,主要适用于各种宣传媒体装饰画面,通过加强企业形象的诉求力,视觉识别设计的意义变得更丰富,更具完整性和识别性。

此外,也有从标志上演绎出来的象征图形方式,与品牌标志的风格相辅相成,对强化品牌的识别作用很大。我们要注意的是,象征图形和标志不能混为一谈,很多失败的设计将辅助图形和标准字混在一起,让消费者难以区分真正的企业标志是什么,这样的错误一定要避免。

象征图形与视觉传达设计系统中的基本要素是一种从与宾主的关系,以配合设计的展开运用。作为带有一种线或面的视觉特征的设计要素,往往能与具有点的特征的标志、标准字、企业造型等基本要素,在画面上形成主次、强弱、大小等对比呼应关系,丰富与强化画面的视觉传达效果,增强了视觉传达的力度与感召力(见图4-12和图4-13)。

图4-12　PIRAT企业品牌设计(图片来源:花瓣网)

 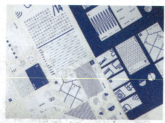 

图4-13　Simple Hostel企业品牌设计(图片来源:花瓣网)

象征图形在设计运用上主要包含如下三类功能。

一、强化企业形象的诉求力

作为一种辅助与补充的设计要素,象征图形能以其丰富多样灵活运用的造型符号,补充企业标志、标准字等更有效地增强企业形象的诉求力,使其内涵与表现更趋于完整,更易于人识别。一般情况下,象征图形表现形式多为展示企业产品形象、表达企业文化的抽象图形线条、企业吉祥物、企业文化宣传语等。

设计时要依据企业文化特色和企业服务人群的特征而制定,要表现出企业形象特色,突出产品和服务的诉求,才能设计出有力的作品,强化企业在客户心目中的印象。例如,浦发银行将品牌图形标志放大后做成品牌象征图形,进一步强化了标志的视觉识别(见图4-14)。关东串吧将企业标志里的一些设计元素提取出来作为象征图形,结合标志在品牌设计里应用,使得品牌的视觉形象更为统一完整,有着很强的识别性(见图4-15)。

图 4-14　浦发银行储蓄卡（图片来源：浦发银行官网）　　图 4-15　关东串吧品牌设计（图片来源：花瓣网）

二、扩展设计要素的适应性

利用象征图形作为设计的辅助要素，有利于设计的扩展变化，增加了基本要素运用时的适应性与灵活性，有助于设计表现的幅度、深度的推进。但是，要注意在不同的应用设计中，象征图形的适用性，不能单为了美观而设计。例如：LV、GUCCI、FENDI 等奢侈品牌利用"标志"崇拜心理，将品牌标志图形直接连续反复组合为有节奏和韵律的图案作为产品的外观装饰，兼具美感和品牌效应（见图 4-16）。

图 4-16　GUCCI、LV 辅助图形在产品设计中的应用（图片来源：寺库网）

三、增强画面的视觉律动感

有象征图形组成变化时能衍生出富有趣味性的律动感，能强化画面的视觉冲击力，产生良好的诱导效果，增强审美情趣和亲切感。由于象征图形具有以上突出的功能，其积极作用日益为人们所认知，故其扮演的角色越来越重要。象征图形多采用圆点、直线、方块、三角、条纹、星形、色面等单纯造型作为单位基本型，可根据设计作业上的需要，进行多样的排列组合变化，产生丰富多样富于情趣的构成形态，给人以不同的视觉感受。象征图案的设计表现不仅富于弹性，有广大的表现空间，而且有强烈的识别性，有利于树立独特的企业形象。例如英国体操协会的标志。英国体操协会（British Gymnastics）是一个非营利性的体操项目管理组织，原名为英国业余体操运动员协会，1997 年更名为英国体操，其历史可以追溯到 1888 年。2012 年 6 月份英国体操推出了全新的视觉标志，并在 2012 利物浦英国体操锦标赛中首次亮相，新标志通过捕捉运动员的各种运动过程，通过技术处理将这些运动轨迹制作成色彩斑斓的飘带（见图 4-17）。

图 4-17　英国业余体操标志及辅助图形（图片来源：标志情报局）

近些年，随着工作节奏的加快，更多的二次元文化也进入人们的生活当中，现代人在工作和生活的压力下更愿意接受让人轻松的二次元文化，以缓解紧张的生活状态。因此，现在很多企业的象征图形也开始追求二次元卡通形象的塑造和扁平化、清新的设计风格。特别是在时尚快餐业，这样的设计风格十分流行和备受年轻人关注。设计师要时刻留意每一年的设计流行趋势及最新的文化流行，挖掘出企业所能体现出的活力和文化特征，这样才能设计出更好、更符合企业发展的优秀作品。

第六节　版面编排模式

版面编排模式是指在平面设计的版面上塑造统一性的设计形势，是一种具有差别化、风格化的编排模式。它不仅创造引人注目的吸引力，而且对企业形象有强烈的识别性，因此逐渐成为设计师们重视的设计要素。在视觉识别系统中规划一套统一性、系统化并富有延伸性的编排模式，已成为当今各大企业规划视觉识别计划的重点。

规划版面编排模式，首先要了解、把握企业识别系统基本要求的组合系统，根据组合系统的规定，在增添标题、标题字、文案内容的空间，试作各种排列组合，再确定富于延伸性的编排模式。通常情况下手册版面的设置为竖版或者横版，正方形的手册版面也有一些企业采纳，但是最终手册版面样式的设计，还是要依照企业客户的要求而制定。根据应用的需要，设计各种不同的模式，以满足实务的操作，如报纸报告必须设计横、竖两种模式。对于尺寸特殊的平面媒体设计，尚需要根据特殊规格设计特定的版面模式。版面编排模式确定后，为方便应用制作，需要绘制结构图以统一规范。例如，京东商城品牌 VI 手册设计的版式就是横版设计，版面的编排设计也是十分合理的（见图 4-18）。

版面编排模式的结构图必须标明尺寸，标出各种构成要素（标志、标准字、企业名、插图、标题字、文案内容等）在版面上的空间位置。一般的版面包括天头、版心、地脚三大部分，编排的内容要素包括视觉识别系统中的基本要素组合、正文（文字和图）、企业造型等，它们处于版面的不同位置。页码的位置要放在容易翻阅的位置上，要和目录标识的页码数相对应，在制作中可以适当地加以设计变化，使手册更具设计感。特别要注意的是，很多初学者开始排列版式的时候经常把文字和图形任意摆放，每一页的构图都不同，这样的错误要避免，制

图 4-18　京东商城 VI 手册（图片来源：花瓣网）

定好版式的文字图片和其他构成要素的位置标明好后，要严格谨慎按照设计规范制作（见图 4-19）。

图 4-19　长春东方面馆 VI 手册（图片来源：长春邑城文化）

企业视觉识别基本要素的组合方式：根据具体媒体的规格与排列方向，而设计出横排、竖排、大小、方向等不同形式的组合方式。

基本要素组合的内容有以下两种。

(1) 其一，使目标从其背景或周围要素中脱离出来，而设定空间最小规定值。

(2) 其二，企业标志同其他要素之间的比例尺寸、间距方向、位置关系等。

标志同其他要素的组合方式，常有以下形式。

(1) 标志同企业中文名称或略称的组合。

(2) 标志同品牌名称的组合。

(3) 标志同企业英文名称全称或略称的组合。

(4) 标志同企业名称或品牌名称及企业选型的组合。

(5) 标志同企业名称或品牌名称及企业宣传口号、广告语等的组合。

(6) 标志同企业名称及地址、电话号码等资讯的组合。

日本 TDK 集团品牌成功策略

日本 TDK 集团在 20 世纪 60 年代末，因经营不善所形成的高负债导致企业陷入困境。1969 年，索野总经理上任后，对企业形象进行了一系列策划，公司形象逐步得到改观,经营开始出现高速增长势头。特别是 1976—1981 年六年间,TDK 的销售额由 911 亿日元增至 2700 亿日元,五年间增长了 3 倍。增长速度一直稳定在 2 位数。日本 TDK 集团标志如图 4-20 所示。

图 4-20　日本 TDK 集团品牌标志及门店(图片来源:传感器专家网)

TDK 品牌销售的成功取决于以下策略。

一、突出技术性能

突出产品技术性能,抓龙头,以乘积效用来带动整体产品结构的良性发育。TDK 在企业技术储备和研究开发上狠下功夫,把技术分为肯定性技术、否定性技术、本公司没有的技术。雇用最优秀的技术人员进行技术开发和改造。公司规定,TDK 发售的产品在市场中不允许超过三年,产品应不断更新。

为了确保市场,公司要求世界各地销售人员每天必须收集当地产品信息反馈总部,以便调整生产,适应市场,在产品结构中,抓录音带和录像带,通过铁氧体技术以及由铁氧体派生的烧结技术为中心,开展多角度化经营。铁氧体和磁铁占销售的 1/4,电子设备的零部件及陶瓷零部件各占 1/8,磁带五年间从 263 亿日元增加到 1343 亿日元,增加五倍多。TDK 在当今已成为录像带、录音带的高质量象征。

二、重视人员培训,积极引进人才

TDK 对事业部人员实行定期考核和培训。在用人上公司一贯倡导能力主义,以目标管理、个人申报、人事考核一体化的自我管理制度取代以资历和学历看人的做法,以此作为人事管理的根本。新职员必须经过三年的企业内部培训,"实行一个萝卜一个坑,不许一人掉队"的育人目标。对管理人员采用"中途录用"原则。

由于公司是第二次世界大战后发展起来的企业,事业部长级、科长级干部 40% 是从其他公司引进的人才。不同企业工作的经验各异,思考问题角度也不同,汇在一起,使 TDK 的经营风格别具一格,思维敏捷,锐意改革促进了公司的发展。

三、宣传标识,突出品牌,积极行销

品牌如同一个人的名字一样,必须便于消费者识记。如果公司的名称念起来绕口,就不利于消费者记忆。为了突出公司视觉识别,要有企业标志设计,经过调研,最后以"TDK"作为公司标志。标志凝聚了许多无法用文字和语言表达的意义和内容,让人记忆深刻。公司广告和公司宣传及社会赞助、体育事业助办等活动,皆以 TDK 出现。公司声誉有了提高。加上重视产品质量和技术,TDK 销售市场拓展很快,五年间,TDK 国外销售额平均增长率为 33%,国内达到 20%,TDK 成了世界录音、录像带业的销售之王(见图 4-21)。

图 4-21　TDK 展会的展位设计、户外 LED 屏幕（图片来源：TDK 官网）

四、实行导向开发的组织结构，挖掘内部潜力

TDK 实行事业部组织结构,将事业部细分为"下一期事业部""未来事业部"和"现有事业部"三部分。现有事业部主要承担企业目前的生产和盈利,未来事业部主要研究集团公司未来命运的开发工作,形成战略决策后,由下一期事业部逐步完成。

为了鼓励职工树立远大志向,带有自豪感工作,公司不断改革组织制度以及大规模地持续进行岗位转换、使公司经常处于交替转换、蓬勃向上的状态。为了创立一种文化氛围,TDK 生产工厂环境要求像花园一样美丽,给职工每天一个清新悦目的感觉,让职工在愉快心情、优美的环境中工作,这样他们的积极性才能得到更好的发挥。

案例解析：

企业形象是企业营销中的重要组成部分,良好的企业形象不仅可以得到公众的信任,而且能激励员工士气,形成良好的工作氛围。良好的企业形象不仅有利于企业招募人才、保留人才,而且有利于企业带动起精益求精、奋发向上、追求效率的企业精神。另外,良好的企业形象不仅能增强投资者的好感和信心,容易筹集资金,而且能扩大企业知名度、扩大广告宣传效果与说服力,巩固企业基础,使企业营业销售额大幅度上升,扩大企业的市场占有率。

（资料来源：豆丁网 http://www.docin.com）

本章主要讲授 CIS 企业形象设计的基本原则,通过讲授企业形象设计的基本原则,帮助学生拓展设计思维,增强学生的平面造型能力与艺术表现能力,深入地了解与正确掌握企业形象设计的同一性、差异性、有效性、象征性、民族性及 VI 版式设计等内容的视觉语言及表现技法,并在设计实践中做到灵活运用,探索出新的设计思路。

1. 如何体现企业形象的设计原则？
2. 怎样在遵守企业形象设计原则的基础上体现企业形象的差异性？

3. 企业形象版式设计上要注意哪些方面？
4. 企业形象的民族性如何体现？
5. 实训课堂内容：制作信笺、信封、标牌

背景："快乐宝贝儿童服饰"公司是一家规模逐渐扩大的企业，为进一步加强企业的影响，他们请广告公司制作企业的信笺、信封、标牌等内容。

任务：了解信笺、信封、标牌的制作要素，结合"快乐宝贝儿童服饰"公司的企业性质，制作具有特色的作品。

分析：要完成"快乐宝贝儿童服饰"公司信笺、信封、标牌的设计，首先要了解信笺、信封、标牌的制作要素，结合公司的理念、经营属性，在字体、颜色和形式感方面进行一定的设计。选择合适的字体，通过字距和形式感的视觉设计，设计出符合"快乐宝贝儿童服饰"公司性质的信笺、信封、标牌。

进行 CI 策划设计时必须把握同一性、差异性、民族性、有效性等基本原则，在设计原则的指导下才能正确地把握设计方向。企业形象是指社会公众和全体员工心目中对企业的整体印象和评价，是企业理念行为和个性特征在公众心目中的客观反映。因此，在设计中要把握好企业形象设计的基本原则，才能设计出好的作品。

第五章

企业形象设计的基础系统

1. 了解企业形象设计的程序。
2. 了解企业标志、标准字、标准色、象征图案和企业造型等设计表现形式。
3. 掌握企业标志、标准字、标准色、象征图案和企业造型等设计方法。
4. 了解企业形象应用系统的开发。

标志、图形、信息化、识别

2008 年北京奥运会"同一个世界 同一个梦想"

2008 年北京奥运会,也就是第 29 届夏季奥林匹克运动会,于 2008 年 8 月 8 日 20 时在中华人民共和国首都北京国家体育场"鸟巢"开幕,并于 2008 年 8 月 24 日闭幕。主办城市为中国北京,参赛国家及地区 204 个,参赛运动员 11438 人,设 302 项(28 种)运动,共有 60000 多名运动员、教练员和官员参加北京奥运会。本届北京奥运会共创造 43 项新的世界纪录及 132 项新的奥运纪录,共有 87 个国家在赛事中取得奖牌,中国以 51 枚金牌居金牌榜首名,是奥运历史上首个登上金牌榜首的亚洲国家。

"舞动的北京"是本届奥运会的会徽。它是将中国传统的印章和书法等艺术形式与运动特征结合起来,通过夸张变形,幻化成一个向前奔跑、舞动着迎接胜利的运动人形,体现出奥林匹克精神。同时形似现代"京"字,借以表达出北京张开双臂,欢迎八方宾客的热情与真诚。

以印章(肖形印),作为标志主体图案的表现形式,主体图案基准颜色选择红色,代表和传达出中国文化喜庆、热烈的气氛,并将汉代竹简文字的风格和韵味有机地融入"Beijing 2008"的字体设计当中,自然、简洁、流畅,与会徽图形和奥运五环浑然一体。中国印、Beijing 2008 和奥运五环三部分之间在布局及比例关系方面近乎完美,每一部分独立使用时比例合理,不失协调(见图 5-1)。

图 5-1　2008 北京奥运会会徽设计(图片来源:人民网)

案例解析:

"舞动的北京"是中华民族图腾的延展。奔跑的"人"形,代表着生命的美丽与灿烂。优美的曲线,像龙的蜿蜒身躯,讲述着一种文明的过去与未来。它像河流,承载着悠久的岁月与民族的荣耀。在它的舞动中"以运动员为中心"和"以人为本"的体育内涵被艺术地解析和升华。同时,"京"字又巧妙地演化为"文"字,寓意"人文",正体现出北京"人文奥运"的承诺,将中国悠久的"人文精神"融入奥林匹克运动的历史洪流之中。因此,可以看出 2008 年北京奥运会的形象识别系统设计是对外宣传的一个非常重要的环节,如何将奥运会的整套 VIS 识别系统运用到场馆中是此次设计最主要的挑战。除此之外,项目庞大,涉及的环节和人员比较多,将整个团队合理有效地整合也是此次项目所面临的挑战。除了将设计很好地完成之外,将设计方案完整地落地、高水准地执行更加具有重要意义。

(资料来源:http://www.logonews.cn/2015112301332847.html)

"CIS"意为"企业形象识别系统"它是由 MIS(Mind Identity System)企业理念识别系统、BIS(Behavior Identity System)企业行为识别系统、VIS(Visual Identity System)企业视觉识别系统组成。VIS(企业视觉识别系统)是 CIS(企业形象识别系统)的重要组成部分,它是将企业的精神宗旨转化为可视化的形象,传达给受众群体。

所谓 VIS(企业形象识别系统),就是通过视觉来统一企业的形象,即将企业经营理念与精神文化,运用整体视觉传达系统,有组织、有计划、准确、快捷地传达出来,并贯穿在企业经营行为当中。它可以使企业的精神、经营策略等主体性的内容通过视觉传达的方式,传达给企业内部与社会大众,并使其对企业产生一致的认同感和价值观。

在今天 VIS(企业形象识别系统)早已从单纯的视觉传达设计演变成为一种企业形象的传播策略。VIS(企业视觉识别系统)包括基础系统和应用系统两大部分,其中标志是 VIS(企业视觉识别系统)的核心,所有可视化的设计都围绕着标志进行设计。

第一节 标志设计

企业标志承载着企业的无形资产,是企业综合信息传递的媒介。标志作为企业 CIS 战略的最主要部分,在企业形象传递过程中,是应用最广泛、出现频率最高,同时也是最关键的元素。企业强大的整体实力、完善的管理机制、优质的产品和服务,都被涵盖于标志中,通过不断的刺激和反复刻画,深深地留在受众心中。

一、标志的定义

标志(Mark)又称为"标识",从汉字的字意上讲,"标"字的基本含义是标准、记号;"志"字的基本含义是不忘、记住,因此标志最原始的基本含义也是其最本质的功能,即让受众通过标记记住对象的基本特征。早期,标记、标识和标志在视觉传达设计中并没有严格的区分,在理论探讨中,语义的表达和概念的使用常常出现混乱现象。标记、标识和标志在一般意义上表示为同一概念。《现代汉语词典》和《辞海》都认为标记和标识等同于标志,《辞海》特别指出标识仅相当于标志的一部分意义,即记号。

二、标志的分类

标志作为一种特殊的视觉语言,是以单纯、显著、易识别的特征来表现对象的,在大数据时代下数字媒体高速发展的今天,其作用显得尤为突出。随着社会经济、政治、科技、文化的飞跃发展,标志设计无论是在创意思维方式还是在其造型手段等各个方面都有着显著的发展与进步,随之,标志的种类也越来越多。根据标志的功能、设计对象、造型角度、构成要素的差异,可分为以下几类。

(一)按照使用功能分类

1. 商标

商标(Trade Mark)是指从事商业行为的标志。经法定机构核准注册的商标为注册商标,包括商品商标、服务商标和集体商标、证明商标等。商标注册人享有商标专用权,受法律保护。从图形形态的角度看,商标和标志没有明显界限,只有用途上的区分,商标是某些标志在法律上的称呼。例如,我们耳熟能详的王老吉和加多宝商标案。

从名不见经传到现在的凉茶第一罐,"王老吉"创造了一个商业奇迹。但是,这一奇迹中却夹杂着两家公司的恩怨。从 2010 年开始,广药集团与加多宝之间就展开了"王老吉"的商标之争,都为了能取得"正宗红罐凉茶"的称号。这场号称国内最大的饮品包装之争,一直没有分出胜负。2017 年自从加多宝出了金罐包装之后,王老吉一改以前的设计风格,突然变"黑"了。王老吉最近推出新款凉茶"黑凉茶",虽然它升级的配方骨子里还是传统凉茶那一套——由菊花、金银花、夏枯草等中草药制作而成,但它的"制胜法宝"来自反差极大的全新包装。在这款新品中,整个瓶身都采取了黑色作为主色调,再用粉红、粉蓝、粉绿三色碰撞出各种图案元素。瓶身上共有了 88 种图案元素,包括了爱心、游戏手柄、"辣"字、猫咪等,这些都是受王老吉认可能代表年轻人态度的图案(见图 5-2)。

图 5-2 王老吉"黑凉茶"全新包装(图片来源:王老吉凉茶品牌官方网站)

2. 徽标

徽标来源于徽章,其作用是用特殊的视觉语言符号来表达身份的差异,应用范围有国徽、军徽、市徽等,还有国际性的大型运动、国际组织所使用的标志,一般也称为徽标。例如,联合国旗标识设计。联合国旗为联合国的官方旗帜和标志,在 1945 年的旧金山会议上,美国国务卿斯退汀纽斯要求美国战略服务署为此次会议设计一个会徽,要求能够体现世界五大洲,同时也能将会议英文名称包括在内,战略服务署图形艺术设计部主任麦克罗林临时组成了一个设计团队,把"一个世界的投影"图案与会议名称缩写"UN"结合在一起,因此设计出了联合国国徽(见图 5-3)。

图 5-3 联合国徽标设计(图片来源:中国新闻网)

3. 标识

标识，同"标志"基本解释：立标指示位置。英文翻译为 Signage 或 Signage System；以标识系统化设计为导向，综合解决信息传递、识别、辨别和形象传递等功能的整体解决方案。作为导向的含义时，中文的意思是根据人的行动，对空间信息的具象表达的物体。标识是用于公共设施、交通枢纽、公共场所等指示识别的符号，是以最简洁的图形符号语言无声地告诉人们所要去的场所或表明公共设施的禁忌、功能等用途。标识的特点是图形简练、色彩醒目、传播速度快、易识别等。图 5-4 所示为北京奥运会鸟巢导视系统设计。

图 5-4　北京奥运会鸟巢导视系统设计（图片来源：EGD 环境图形设计）

（二）按照设计对象分类

1. 企业标识

企业标识是通过造型简单、意义明确的统一标准的视觉符号，将经营理念、企业文化、经营内容、企业规模、产品特性等要素，传递给社会公众，使之识别和认同企业的图案和文字。企业标识是视觉形象的核心，它构成企业形象的基本特征，体现了企业的内在素质。企业标识不仅是调动所有视觉要素的主导力量，同时也是整合所有视觉要素的中心，更是社会大众认同企业品牌的代表。

2. 产品标识

产品标识是指用于识别产品及其质量、数量、特征和使用方法所做的各种表示的统称，其内容应符合《中华人民共和国产品质量法》《产品标识标注管理规定》和其他的相关要求。产品标识可以用文字、符号、数字、图案以及其他说明物等表示。产品标识应当有生产者的名称和地址，应当是依法登记注册的，能承担产品质量责任的生产者名称和地址。

（三）按照造型角度分类

1. 具象型

具象型标志是在具体图像（多为实物图形）的基础上，经过各种修饰，如简化、夸张、概括等艺术手法设计而成，其优点在于能直观地表达具象特征，使人一目了然。如图 5-5 所示为咖啡店标识设计，设计中均是以与咖啡相关的咖啡豆、咖啡杯等造型形象进行设计的，设计效果一目了然。

2. 抽象型

抽象型标识是运用点、线、面、体等造型要素设计而成的标志，它突破了具象的束缚，在造型效果上有较大的发挥余地，可以产生强烈的视觉冲击力，但在理解上易产生不确定性。

图 5-5　咖啡店标识设计（图片来源：爱标志网站）

如图 5-6 所示，2017 年 1 月 12 日，乐视在其全球品牌升级发布会上宣布，乐视网正式更名为乐视视频，发布全新品牌 Logo 设计，并启用价值千万美金的国际顶级域名 le.com。全新 Logo 和之前报告的基本一致，由"LE"四个颜色的笔画构成，代表着乐视生态中的四层架构：平台、终端、应用。同时，"LE"Logo 还将同步代替乐视旗下生态中"LETV"的 Logo 标识。

图 5-6　乐视视频全新品牌 Logo（图片来源：乐视视频新浪微博官网）

3. 具象抽象结合型

具象抽象结合型标志是最为常见的，由于它结合了具象型和抽象型两种标志设计类型的优势，从而使其在表达效果上更加优越。火狐（Firefox）是一家著名的网页浏览器，由 Mozilla 基金会及其子公司 Mozilla 公司开发。对于普通上网阅读网页的人来说，可能不清楚火狐除了有正式版本以外，还有其他不同名称的版本，每个版本还对应一个独立的 Logo，而非使用正式版的"火狐狸"Logo。

Firefox 除了正式版本，还有三种版本，按稳定性排序，分别为 Beta、Developer Edition 和 Nightly（每夜版）。其中 Nightly 如它的名字一样几乎每天更新，是这几个版本中更新速度最快的一个。2017 年 8 月 2 日，Firefox Nightly 在更新的部分项目中采用了一个全新的 Logo 设计。新 Logo 采用了 Firefox 正式版中的"火狐狸"Logo 造型，但整体的颜色则以渐变色为主，目前新 Logo 已经在最新的 Nightly 版本中开始应用。如图 5-7 所示为火狐（Firefox）浏览器 Nightly 版本的全新标识设计。

旧　新

图 5-7　火狐浏览器 Nightly 版本全新标识设计（图片来源：标志情报局官方网站）

三、标志的形式构成

标志在视觉上以什么样的形态呈现在人们面前，这是设计创意时必须要考虑的问题之一。标志的构成形式主要是运用文字、图形或由二者相结合构成标志的基础。因此，在视觉上标志形式可分为四类：文字标识、图形标志、综合类标志和数字化标志。

（一）标志设计的构成形式

1. 文字标识

文字作为一种传播语言的工具，文字本身就是一种高度符号化的表现，在使用文字表现的手法来设计标志时，往往是对文字进行夸张、装饰、解构、重构等手法来进行重新创造的。下面分别对汉字、英文、数字以及标点符号在标志设计中的表现手法进行详细阐述。

（1）汉字表现

汉字是中国人智慧的体现，起源于对具象事物的符号化概括。汉字形态优美多变，内涵丰富，结合了相应的书写工具，形成的书法艺术是汉字文化的一种艺术性的延展，也是标志设计中可以汲取养分的宝库。从甲骨文开始，汉字发展成为一个以"形""意""音"为造字基础的文字系统。

鉴于汉字象形、象声、会意的特征，根据我们所学设计需要，将要表达的理念以图形化、符号化的手法融入汉字的设计当中，从而赋予该标志特定的含义。同时，以汉字作为表现手法的标志，往往以浓郁的民族特色具备了特有的吸引力和文化内涵（如图 5-8 所示）。

图 5-8　标志设计汉字表现形式（图片来源：设计中国官网）

（2）英文表现

每个英文字母在全世界都拥有统一的形态和读音，使得用英文字母作为标志设计的表现手法具有明显的国际化优势。以单个字母、名称缩写或者一个单词，以至于几个单词作为标志设计的基本表现形式，是我们在标志设计中使用英文表现的常用手法。

英文字母造型简洁,具有明显的几何化特征,方便进行夸张、变形、解构、重构、重叠等多种造型方式的加工。对英文字体进行设计或者改变某些局部的造型,以及结合某种象征意义的形态等多种设计手法,都是我们在标志设计中很好的选择(见图5-9)。

图 5-9　标志设计英文表现形式(图片来源:设计中国官网)

(3) 数字

以数字作为标志主体的设计手法,往往是应用于一些特殊的与数字相关的设计对象。比如某一届的运动会,某机构的几周年纪念等有明确数字指向的机构或者活动。在这种情况下,数字是一个主要的信息,而数字本身指向明确,形态可塑性强,是一个很好的设计元素(见图5-10)。

图 5-10　标志设计数字表现形式(图片来源:设计中国官网)

(4) 标点符号

标点符号是一种特殊的文字形态,每一个标点都蕴涵着其特有的意义。比如逗号可以象征"未完成""再前进"等意义,而感叹号又可以象征"惊讶""惊喜""出人意料"等方面的意义。标点符号以其简洁的形态涵盖丰富内涵的特征,成为设计师的一个灵感来源,结合其生动有趣的形态,是我们可以用来表现标志的重要手法(见图5-11)。

2. 图形表现

图形在信息传播上有其快速、广泛、信息量大、识别性高等特征,从而成为标志设计的一种表现手法。

(1) 具象图形的表现

具象图形是对客观事物的描述或者是依据客观事物进行概括、提炼、变形而成的图形。常常可以用矢量图形、手绘插图甚至摄影的手法来表现。具象图形忠于物体的自然形态,虽

图 5-11 标志设计标点符号表现形式（图片来源：设计中国官网）

然有的图形进行了较大的变形，不过依然可以明确地分辨出物体的形态（见图 5-12）。所以，具象图形往往可以营造生动有趣的画面，符合人们的生活经验，但也常常可以带来意外的视觉感受。在标志设计中用具象图形作为表现手法，常能达到易识别、易解读、易理解的目的。

图 5-12 标志设计具象图形表现形式（图片来源：设计中国官网）

（2）抽象图形的表现

抽象图形的表现指的是以高度概括的图形符号来表达标志的含义。抽象的图形可以是几何形，也可以是偶然形。以符号化的图形形态，象征性的代表某种特殊的意义（见图 5-13）。抽象图形虽然不具有某样具体物象的外形，不过却更能直接地表达观点、理念等这些标志本质的含义，也更能为标志带来想象的余地。而一些抽象的图形符号已经在长期的使用过程中被赋予了特定的含义，借用这些符号也可以简洁而明确地表达标志的含义。

图 5-13 标志设计抽象图形表现形式（图片来源：设计中国官网）

3. 文字与图形相结合的表现

其实在我们设计标志的实践中，很大一部分的标志并不是仅仅用文字或者仅仅用图形来表达的，而是以文字与图形相结合作为表现手法的。文字究其本源，也是图形的发展结果，所以文字与图形并不是孤立相对的，而是有着内在联系的。所以，文字和图形相结合的表现手法，不是单纯表面的文字与图形的拼凑，而且标志中的文字与图形的有机结合，是文字的理性表述与图形的感性渲染的集中表达（见图 5-14）。

图 5-14　标志设计文字与图形结合表现形式（图片来源：设计中国官网）

4. 数字化标志

数字化标志的形式也称为数码技术的标志形式，是采用数字技术手段下的标志形式，主要体现为标志以视觉语言在不同媒介交流中"形"与"意"的独特性，它在传统标志设计语言、视觉形式及手绘的平面性方面都有明显的不同。

例如，标志图形的视觉形式及风格、标识形态所呈现的独特性、标志在网络媒介上的应用等，从而形成了一种全新的审美意识。数字技术已突破了传统标志语言的视觉形式，设计师利用各种设计软件工具，创造出了异乎寻常的平面视觉印象和超常规的视觉表现，它是数字技术与艺术设计完美结合的展现。其表现形式包括平面类型的数字化形式、二维数字化形式及三维数字化形式等（见图 5-15）。

（1）平面类型的数字化形式

平面类型的数字化形式是以文字、图形、色彩、透视等为主的设计标志，整体标志形式控制为平面效果。

（2）二维数字化形式

二维数字化形式是指利用文字、图形、几何形等要素来表现标准效果，通常标志的整体效果应是二维空间或立体或浮雕或滤镜等工具制作的标志。

图 5-15　标志设计数字化表现形式（图片来源：设计中国官网）

（3）三维数字化形式

三维数字化形式是指用平面或三维设计软件辅助完成的，具有三维空间感、立体感、纵深感及立体投影的标志形式。

（二）标志设计的造型手法

概括来讲，标志设计有五大造型手法：表象、象征、寓意、模拟和视感。

1. 表象手法

采用与标志对象直接关联，并具有典型特征的形象，直述标志本意的形式表现。这种手法直接、明确、一目了然，易于迅速理解和记忆。如表现出版业以书的形象、表现铁路运输业以火车头的形象、表现银行业以钱币的形象为标志图形等。

2. 象征手法

采用与标志内容在意义上有某种联系的事物、图形、文字、符号、色彩等，以比喻、形容等方式象征标志对象的抽象内涵。比如象征工农联盟可以用交叉的镰刀斧头，象征少年儿童的茁壮成长可以用挺拔的幼苗等。象征性标志往往采用已为社会约定俗成的关联物象作为有效代表物。如鸽子象征和平；雄狮、雄鹰象征英勇；日、月象征永恒；松鹤象征长寿；白色象征纯洁，绿色象征生命等。这种手段蕴涵深邃，适应社会心理，为人们喜闻乐见。

3. 寓意手法

采用与标志含义相近似或具有寓意性的形象，以影射、暗示、示意的方式表现标志的内容和特点。例如，用伞的形象暗示防潮湿，用玻璃杯的形象暗示易破碎，用箭头形象示意方向等。

4. 模拟手法

用特性相近事物形象模仿或比拟标志对象特征或含义的手法。

5. 视感手法

采用并无特殊含义的简洁而又形态独特的抽象图形、文字或符号，给人一种强烈的现代感、视觉冲击力或舒适感，引起人们的注意并难以忘怀。这种手法不靠图形含义，主要靠图形、文字或符号的视感力量来表现标志。采用这种表现手法的标志有很多，比如耐克、李宁品牌的体育用品标志。这种标志一开始时往往配有少量文字，后期随着广告投入和品牌效应的加深，一旦被人们熟知而认同，即使去掉文字也能识别。

（三）标志设计的表达手法

1. 手绘表现法

手绘法是传统的，又是现代的。这种永不过时的方法只要对象合适，永远都是标识表达手法的法宝之一。它可以轻松地呈现出个性感、随意感、亲切感、艺术感等诸多气质。在标识中常见的手绘方法包括素描、水彩、水墨、书法、版画等。由于手绘方法亲切、形式自然、繁简自如，往往被追求个性的企业或人文气息浓厚的项目所青睐。近年来，一些专业从事艺术、艺术设计或者时尚产业的公司、工作室的标志，就非常热衷于手绘方法，以此来表现专业的倾向性或彰显不羁、自由的个性（见图5-16）。

2. 图案表现法

图案表现法是简约的再现现实，或极简的反映意图，也包括主观的装饰添加等标志表现形式。图案是造型发展中的智慧产物。这种表现方式注重的要么是简洁，要么是烦琐，但巧

图 5-16　标志设计手绘表现法（图片来源：设计中国官网）

妙合理、抽骨提筋一定是其重要前提。图案表现法是标志造型的主流手法，绝大多数标志都是图案法的生成结果。图案表现法的重点是把握表现对象的核心特征，提取其适于表达的形式元素，通过装饰处理，形成象形的、抽象的或是象征的新形象，并多见于色彩平涂的手法呈现，大多规整而条理（见图 5-17）。

图 5-17　标志设计图案表现法（图片来源：设计中国官网）

3. 混合表现法

混合手法既是讨巧的，也是偷懒的，同时也是具有难度的。更为重要的是，混合表现法是时代的产物，是市场需求的产物，是某些对象所应拥有的独特形象所必需的手法，这种手法在标志造型中更适合复杂型的表现。由于手法混搭，具有一定的表现难度，重点在于如何将多种手法自然结合，让形式语言在反复中达成简约感，从而便于识别和记忆（见图 5-18）。

图 5-18　标志设计混合表现法——体育运动图标（图片来源：设计中国官网）

4. 质感处理法

质感法是将标志造型依据自然质感的模拟效果进行表现,是当代非常流行的标志表达手法之一。常见的有透明质感、金属质感、石材质感、水墨质感及各种自然肌理和人为肌理等。这些质感的表现关乎或忽略标识本身的造型特点,追求的是崇尚自然或超越自然的视觉效果,是这个时代背景下具有创新性的代表性手法之一(见图 5-19)。

图 5-19　标志设计透明质感表现法(图片来源:设计中国官网)

四、标志设计的程序

设计一个独一无二、让人过目不忘并最终被消费者接受的标志,对设计师来说并非易事。然而,在所有成功标志设计方案的背后,总会有一个与众不同的行之有效的创意过程。

(一)项目沟通

沟通是标志设计的首要任务。在设计思路方面,甲乙双方为达成共识,需要明确彼此的权责。在具体的项目沟通过程中,项目设计的双方可以围绕以下内容进行沟通:客户标志设计的意图、企业发展背景概述、企业文化建设情况、在视觉形象方面以前是否有过该方面的设计等。设计公司也需要向客户介绍本公司的相关概况,设计项目负责人及本案设计师参与过的相关优秀案例和获奖情况,通过沟通增加彼此之间的了解,增强客户对本案设计的信任感。

沟通结束之后,设计公司应按照沟通的内容拟定协议文本,其中主要包括甲乙双方责任、工作进度、设计内容、款项、违约等内容,拟定协议文本结束以后,甲乙双方需要再次进行沟通,当双方对协议的内容达成共识之后,将制定正规的合同文本,然后双方签字盖章。甲乙双方在享受权益、享受法律保护的同时,也将承担相应的法律责任。

(二)信息调研

深入细致的市场调研和全面充分地收集资料,是设计一个成功的标志必备的前期准备工作,这一环节十分重要,是做好标志设计的基本保证,对以后的工作有着重要的参考和指导作用。项目信息调研的内容包括以下几个方面。

1. 调查企业与产品

设计对象的行业类别、品牌定位、经营战略、经营理念、市场份额、品牌结构、市场概况与流通渠道。

2. 调查市场环境与受众群体

设计对象的未来发展规划与应用环境的规划、设计对象是否曾有过视觉识别系统的设计、设计对象中项目最高领导人员对标志设计的愿望与个人意愿；设计对象面临的消费群体的年龄、性别、文化层次、消费习惯等内容进行调研。

3. 调查结果处理

调查结果处理分两个步骤：一是整理分析资料，将调查搜集到的原始资料进行整理、统计、加工和筛选，以保证资料的系统、完整和真实可靠。二是提出调查和结论，凡是进行特定目的的调查，都要写出调查报告，得出结论。

（三）创意构思

创意是标志设计的灵魂，创意是信息资料提炼的过程，创意是设计思想凝结的过程，创意也是一个充满智慧与挑战的过程。在标志设计创意的过程中，标志创意的诞生也将受到诸多因素的制约，主要体现在以下几个方面。

1. 尊崇范式

视觉范式是指在一定历史阶段、某个特定范畴中所形成的具有某种明显特征的视觉表达方式或样式。这种表达方式或样式被广泛地认同，形成对于视觉表达的参照或样本，在一段时间内被广为效仿。该思路的过程为，首先要广罗同行业标志图形，并总结常用的形式语言表达方式，其次利用自身的文字或选取的图形元素进行造型处理，完成的标志作品能够高度吻合行业特征，同时拥有个体的独特信息。

2. 突破范式

突破范式的前提是范式的运用已经很成气候，甚至出现了审美疲劳的现象。突破范式针对的是常见题材、手法和形式等方面或角度。突破的是受众头脑中固有的标志造型印象。在视觉疲劳、喜好度降低、差别难现之时，突破范式是非常有利的造型思路。突破范式的做法并非完全抛弃现存模式，更多的时候是在前人肩膀之上的提升。

3. 再建范式

无论是尊崇范式还是突破范式，都是围绕广为流行的形式及手法进行设计创作的。范式的影响如影随形，建立的标志造型必然具有一定的窠臼和模范痕迹，易被认同，也易被看轻，创造力不够，因而竞争力不足，因此，独辟蹊径已成为异军突起的角度和思路。独辟蹊径的思路，仍然可以广罗同行业标志图形，只是目标不同罢了。这些被寻访到的标志造型不再是遵从的依据，而是被排除的因素。在这里最重要的工作是寻找与以往这些造型完全不同的表现角度，但不能忘却所要表现对象的根本观点、形象定位及基本要求。

（四）草图设计

草图是设计创意具象化的阶段。在草图设计阶段，不论是写实与写意、抽象与具象，还是现代的与后现代的艺术表现方式，设计师都可以进行尝试，从而设计出多元化的标志方案。在草图设计阶段，设计师应避免过早地使用计算机，因为计算机只是设计的一件工具，并不能代替大脑的思维活动能力，建议运用手绘形式进行绘制。设计师在绘制草图时，一方面可以根据客户的需求来进行方案设计，另一方面也可以根据自己的设计风格大胆创新，从而设计出多元化的设计方案，尽量避免某些千篇一律的设计方案。

案例 5-1

剪刀、石头、布？国外超强形象 Logo 设计过程

一个个精致 Logo 的诞生，其背后不仅有设计师的灵光一闪和图层叠图层的 PSD 文件，还有一沓沓不断修改、浸满汗水的稿纸。如果项目有一个容易记住的名字，那么画它的商标就是一件很有趣的事。例如我们小时候总喜欢玩"剪刀、石头、布"的游戏，如何将游戏变成标识，不妨来看看国外设计师是如何进行制作的吧。

首先，手绘基本图形：用手做出"剪刀、石头、布"的动作，然后进行草图设计。其次，将其变形采用三角形造型方式，其中加入龙爪，然后加入武器和玻璃球；再次，经沟通后，选取可行性 Logo 图样；最后选定与人同样的手的图标来做这项设计，进一步加入剪刀、石头、布(Kanobu)标志的颜色：红色、蓝色和橘色以及形象的表现方法。最终稿完成制作(见图 5-20)。

(资料来源：http://blog.sina.com.cn/s/blog_72f5d9420100wp76.html)

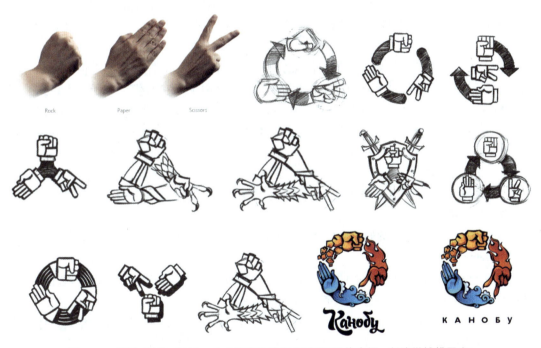

图 5-20　剪刀、石头、布(Kanobu)标志设计制作过程(图片来源：新浪微博捞图客)

(五) 方案确定

有创意的标志设计作品，可以为企业发展带来好运，壮大企业发展的自信心，增强企业的市场竞争力，为企业争取更多的利润，因此标志设计方案的确定是一个严肃的过程。

1. 标识方案检查与论证

在大量的草图方案中，设计作品需要经过设计师自我检查和广泛地征求他人意见，然后确定标准设计方案是否妥当。其中论证的重点主要围绕：标识设计方案是否具有差异化、是否简洁明了、中英文是否得体、通俗易懂以及标志图形立意是否正确等内容。

2. 标志提案

在设计师对设计好的标志作品进行论证之后，根据甲方的要求，准时进行提案。由于接受教育水平以及审美等方面的差异性，不同的人对相同事物也存在不同的认识。由于认识存在的差异性，因此在提案过程中应对每套设计方案都进行详细的阐述，以此提升标识设计方案创意的说服力。

3. 创意的修正

在设计方案得到客户的认同后，或许客户认为该方案的某个局部还存在着某些细微的不足，因此设计师需要根据客户提议对其进行修正，当然修正也是标志设计过程中必不可少的程序，在经过细节的考究后，该标识将成为最终设计方案。当标志设计方案确定后，设计师心中的创意也就尘埃落定了，然后就是标志的制作过程。

（六）标志制作

一个富有价值的创意标志，通过以上设计流程已基本完成。最后还需要制作精细化的正稿，要把最后确定的标志造型方案制作成标准化和规范化的图形，确保标志在正式使用和推广前，在不同媒体上的传播应用过程中保持严谨、准确和统一。因此，必须制作标准图，并标注详细尺寸、比例关系以及各条斜线、弧线、圆心等的连接关系，以便在实际使用过程中保持规范。

标志还要预先考虑规划未来整体传媒系统的运用，做出标准样式。标志标准化制作正稿一般都采用计算机软件工具来完成，很少再用手工绘制了。它的优点在于精准、迅速、更容易修改、色彩更易变动。标准化的图形可以复制传递，任意放大或缩小，以便在各媒体、网络应用中得以使用，给形象推广带来便利。标志的标准化制图一般有三种形式：方格标示法、比例标示法及圆弧、角度标示法。

1. 方格标示法

方格标示法即利用正方格子线上绘制标志图案，以说明线条的宽度和空间位置关系。

2. 比例标示法

比例标示法以标志图案的总体尺寸为依据，设定各部分的比例关系，并用数字予以表示。

3. 圆弧、角度标示法

圆弧、角度标示法即为了说明图案的造型和线条的弧度和角度，可用标准圆心的位置、圆弧的半径或直径以及参照水平或垂直线等加以表示。

以上三种方法可以单独使用，也可综合使用，目的在于准确作图，避免随意性，以体现标志设计中的一贯性，如图 5-21 所示为生产许可标识的标准制图样式。

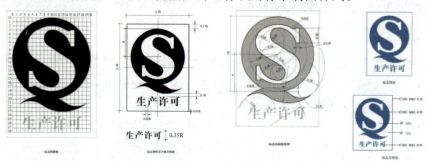

图 5-21　生产许可标识标准制作图（图片来源：国家质量监督检验检疫总局官网）

在标识设计制作的过程中，一般应有 4 幅左右的设计稿以及组合、案例和设计说明等。如标识设计的规范制图(包括最小尺寸与标志释义)、彩色稿(包括标准色彩、CMYK 的色彩值)、黑白稿、线稿、标志与标准字体的组合、标志的部分应用案例以及设计说明等。这些内容是视觉识别传达的核心力量，在设计方案确定后，不能随意更改。否则，就会削弱标识的传播力度，而错误的运用将会对企业造成消极的影响，从而削弱公众对其的良好印象。

第二节　标准字设计

标准字 logotype 原是印刷术语，意指将两个以上的汉字组成一个固定的整体。就今天的意义而言，logotype 指某种事物、组织、团体的全称。标准字作为 CIS 设计中最基本的视觉要素之一，种类繁多、运用广泛，几乎涵盖了所有的应用设计要素。因此，它的作用绝不逊色于企业标志。而它所具有的明确的文字说明性，可直接将企业、品牌的名称打造出来，通过视觉、听觉的同步传递，强化企业形象和品牌形象的诉求力，这也正是字体标志之所以会产生并广受重视的原因之一。

一、标准字的种类

经过精心设计的标准字体与普通印刷字体的差异性在于，除了外观造型不同外，更重要的是它是根据企业或品牌的个性而设计的，对策划的形态、粗细、字间的连接与配置，统一的造型等，都做了细致严谨的规划，与普通字体相比更美观，更具特色。我们在各种传媒上可以看到各式各样的标准字，种类很多，范围很广。如企业名称、产品名称、商店名称、活动名称、广告标题，还有电影名称、戏剧名称、小说、杂志的标题等文字的设计均属于标准字的类型。因功能不同，种类各异，按照性质不同可分为以下几种。

(一)企业标准字

企业标准字(conporate logotype)是经过专门设计的企业名称标准字。主要用于传达企业的经营理念和品格，以树立企业的良好形象，建立信誉。企业名称标准字是标准字中最主要的，也是其他各种标准字的基础。2008 年 8 月 27 日，良品铺子举行 12 周年品牌形象升级盛典时宣布启用全新品牌 Logo。主标识"良印"从中国传统的篆刻艺术中汲取灵感，寓意着回归创业初心、坚持"百里挑一"的品质理念；更以独一无二的"良品红"演绎新的品牌

图 5-22　良品铺子 12 周年品牌全面升级(图片来源：良品铺子官网)

形象——一个年轻时尚的生活方式倡导者。企业标准字则在原 Logo 文字的基础上进行提升,扶正字体,稳定字形结构。从 2014 年开始,良品铺子从 Logo 中移除了卡通人物,将其作为单独的品牌元素进行应用(见图 5-22)。

(二)品牌标准字

根据需要,企业往往强化品牌的个性特点,并极力提高品牌的知名度。品牌标准字因此而产生,并与商标组成完整的信息单位。在实施企业形象战略中,许多企业和品牌名称趋于同一性,企业名称和标志使用统一的字体设计已经形成新的趋势。2017 年 3 月 7 日,上海海底捞大华店正式启用华与华为其设计的海底捞新形象。

海底捞成立于 1994 年,是一家国内知名、以经营川味火锅为主、融汇各地火锅特色于一体的大型跨省直营餐饮品牌火锅店,在国内外有百余家直营连锁餐厅。新 Logo 的设计体现出和顾客互动的元素,如代表对话的气泡以及英文的"Hi",其中字母"i"由一个辣椒来巧妙地代替,表现出色泽红亮、麻辣突出的川味火锅特点。

华与华的观念是"品牌资产观",海底捞之前的标志并不曾引人注意,也没有形成品牌记忆,相当于没有标志。也就是说,海底捞这个名字是品牌资产,而过去的标志没有形成资产,相当于过去闲置了一个品牌战略工具,没有使用。所以这次为海底捞创作标志,是开始启用标志这个品牌工具(见图 5-23)。

图 5-23　海底捞品牌 Logo 升级设计(图片来源:海底捞微博官网)

(三)字体标志

将企业名称设计成具有独特性格、完整意义的标志,达到容易阅读、认知、记忆的目的。在企业识别系统中,具有精练、统一与视觉同步诉求的优点,这已成为近年来企业标志设计的重要趋势。

如图 5-24 所示,2017 年 11 月 16 日腾讯发布了全新的"腾讯字库",该套字库包含汉字、英文、日文还有拉丁文的斜体字体。从新型的字体来看,"腾讯字体"的整体也发生了很大的变化,不仅英文和中文都进行了相应的调整,"腾"和"讯"两字也与以往有了明显的变化。这是一套品牌的定制字体,不仅会运用在微信或是 QQ 的用户界面,而且会应用到品牌产品的 Logo、标题和公司宣传等方面。

腾讯为了这套字库专门请来了字形设计公司 Monotype 的小林章提供指导,字体设计师许瀚文主导中文部分,日文字体设计师土井辽太负责日语假名设计。拉丁文字体设计师 Steve Matteson(史蒂夫·麦德森)、Juan Villanueva(胡安·维兰纽瓦)参与了汉字以外的字形设计。明年就是腾讯的 20 周年,所以它希望可以用一套字体来统一所有的项目形象,在视觉上也能统一代表腾讯,所以说该套字库非常具有代表性意义(见图 5-25)。

图 5-24　腾讯 20 周年专门定制品牌字体（图片来源：Logo 大师网站）

图 5-25　腾讯字库各国字体演示（图片来源：Logo 大师网站）

（四）产品标准字

企业为了开发新市场，不断地推出新产品或是同一产品的系列化，为了表现个别产品的功能和特性，往往采用有亲切感、易记忆、朗朗上口、个性强、印象度高的名称，方便传播和广告宣传。图 5-26 所示为美团 2017 年 4 月 20 日刚刚发布其旗下的"美团旅行"新 Logo 品牌形象设计。

图 5-26　"美团旅行"产品标准字设计（图片来源：Logo 大师网站）

美团旅行以西瓜为 Logo，以"玩出当地味"为 slogan，致力于为年轻旅行者打造一站式旅游平台。西瓜是许多人都非常喜欢的水果，好吃又解渴。这种清凉、甜蜜和爽快的感觉，就像旅行中留下的种种美好感受。大家聚在一起吃西瓜的快乐，就像旅行中结伴而行、分享经历、共同欢乐的场景。还有一个原因是，酒旅业务孕育之初，这个项目组就叫作西瓜组。

（五）活动标准字

活动标准字（compaign logotype）是为新产品推出、世界庆典、展示活动、竞赛活动、社会活动、纪念活动等，为企业特定活动所设计的标准字。这类标准字使用期限短、设计形式较为活泼。风格自由、印象强烈是其特色，图 5-27 所示为"美团旅行"活动标准字体设计。

图 5-27　"美团旅行"活动标准字设计（图片来源：Logo 大师网站）

二、标准字的特征

（一）识别性

标准字的识别性体现在独特的风格和强烈的印象上。它是依据企业的经营理念、文化背景、行业特点等因素的差别，塑造不同的字体，以传达企业性质与商品特性，来达到企业识别的目的。

（二）延展性

由于标准字广泛应用于各种媒体上（从霓虹灯、广告塔等庞然大物，到名片、信纸等袖珍小巧的办公用品），为了适应各种不同的场合及要求，标准字必须具备延展性。在放大、缩小、反白和边框处理，以及不同材料和空间位置的处理上都应得体，甚至在不采用标志的情况下，也能独立发挥识别作用。

（三）系统性

标准字体设计完成后，必然要导入识别系统，与其他要素和谐组织、搭配，形成综合的视觉优势，同时又因组合状态不同，适应多种使用场合的需要，这是具有预见性、系统性的设计表现。通过这种系统性的设计，能增强企业视觉传达的诉求力，获得统一的形象表现。

三、标准字的设计

为了使标准字的风格独特、创意新颖,我们需要掌握标准字设计的要领。按照科学合理的设计程序,融合设计师丰富的经验与设计技巧,才能创造出符合企业形象的字体造型。标准字因企业的性质不同、理念不同,加上设计师的构想和表现手法的差异,而产生丰富多彩的设计形态,所以掌握科学的设计程序与方法非常重要。

(一)调查分析

在着手进行标准字设计之前,应先实施调查工作,尤其是同类性质竞争企业的标准字体,必须进行整理、分析,并归纳出其优缺点和市场上的反映情况,以便设定标准字设计的走向。从调查中可以了解到消费者易于识别、喜爱的字体形式;另外调查分析还可避免和现有字体产生混淆不清的现象。

调查一般从以下几个方面着手。

(1) 有无符合行业和产品形象的特征。
(2) 有无创新的风格和独特的形态。
(3) 有无传达企业的理念、发展性和信赖感。
(4) 有无满足产品目标消费者的喜好。
(5) 对字体造型进行分析,包括字体外形特征、笔画、线性、编排方式、色彩等造型要素。

(二)确定标准字的基本造型

在字体设计之前,首先应根据所表现的企业内容和期望建立的形象,确定字体的外形。外形特征是字体显著的特征之一,也是求得字体个性、风格的要素之一。通过字体的外形形状,如方向、长扁、斜度等,可使字体具有庄重、亲切、肃穆、严谨、活泼、软硬的心理感受,最终确定适合企业特性的字体外形。

(1) 根据企业所要传达的内容和期望建立的形象确定字体的造型。如正方形、长方形、扁形、斜体或外形自由样式。或活泼的,或根据具象图案、内嵌字体等。

(2) 在其中划分若干方格细线作为辅助线,以方便配置笔画。如十字格、米字格、井字格等,还可以根据字的偏旁部首结构形式,做出所需辅助线(见图5-28)。

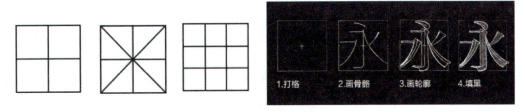

图 5-28 标准字的基本造型设置(图片来源:佳佳绘制)

(三)配置笔画

字形是笔画间架构成的,因此欲建立富有变化的、与众不同的字体形象,只有靠字体自身的笔形、结构、空间和排列的变化来表现,同时所表现的东西要易懂、明确,在设计时,应善于发现字体的笔形、结构与字义、词义间可能发生的联系,这一点是创造字体的关键所在。可先写出骨架即是布局。

在写好的骨架上进行上下、左右、大小穿插调整,以求空间的均匀,字架以单线条留出约1/10的空间。再根据打出的字架,画出字的实际结构,将其疏密、黑白不均匀之处加以适当的调整,用铅笔稍重画出,画黑线时直线部分尽量用直尺和绘图笔,曲线部分尽量用圆规或曲线尺来画(见图5-29)。

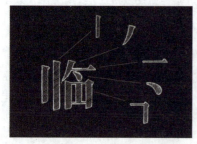 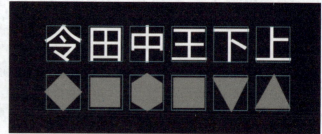

图5-29　合理配置笔画(图片来源:站酷·中文字体设计养成)

(四) 字体的统一

标准字体之所以能表现出个性的差异性,传达企业的经营观念和内容,主要是标准字具有典型的形式。中文字体的设计无论如何变化,一般离不开两种基本字体形式,即宋体和黑体,两者在笔画造型上有着截然不同的差异性。宋体形式直粗横细,黑体粗细一致均匀,从线条形式看,宋体形式基本笔画造型变化多样,富有情趣。黑体形式则造型统一、笔画均匀、平整切齐。因此,在设计标准字体时,应根据所要表现的主要内容,选择适合的基本字体形式进行变化,发展创作出独特的字体形式(见图5-30)。

图5-30　字体统一(图片来源:站酷·中文字体设计养成)

如何创造出独特的字体形式呢?线端形式与笔画弧度的表现都对字体的风格有极大的影响。线端形式是圆角、缺角、直切,笔画弧度的大小,都会产生不同的视觉感受。如电子技术、现代科技、机械制造等都可以使用直角、直切的字体来表现。食品、日用品则可以用圆角或弧度曲线的字体来表现。

四、标准字制图法

标准字设计完成后,必须按照标准的、规范的制图方法正确标示标准字的作图方法和详细尺寸,并制作大小规格不同的样本。多种规格的样本是为了制作广告、包装、印刷物的设计完稿时使用。一是为了方便设计完稿,直接使用即可。二是避免各自绘画,重新制作的误差,造成不统一。因此,需要各种可能应用到的规格及尺寸。正确精印在铜版纸上,以便于制版。较为精细严谨的做法,最好将标准字的黑白稿通过彩色稿印制出来,并根据实际情况考虑印刷工艺可能涉及的效果。黑白稿可细分为线条稿和自由设计稿。彩色稿又分为特别色设计稿及分色印刷设计稿两种。

(一)标准制图的方法

1. 方格法

以等分线画出方形格子,再将标准字配置其中,注明高度、角度、圆心等关系与位置。如果标准字比较简单,可以进行重点标注。标准字造型复杂则尺寸标注应尽可能详细、清楚,关键处更需注意。方格也可以是斜格、长方形格等。方格的单位应选择字体笔画或比例的尺寸,以容易识别、容易制作为原则。图5-31所示为中国移动通信VIS设计手册标准字方格法制图。

图5-31 中国移动通信标准字方格法制图(图片来源:中国移动官网)

2. 直接标注法

将尺寸直接标注在标准字上的方法,适用于尺寸复杂、方格无法表示清楚的标准字中。总之,是以便于寻求位置、计算面积为原则,要能明确地说明标准字各字之间的相互关系,包括空间结构的配置、笔画粗细的变化、角度圆弧的求取、视觉的调整等,也可将方格法和直接标注法配合使用(见图5-32)。

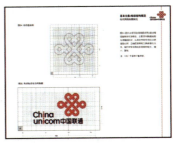

图5-32 中国联通标准字直接标注法(图片来源:中国联通官网)

(二)标注时应注意的问题

首先,粗略作图时最好将天头、左右的尺寸做成1:5或2:9等比例,方便判断基本形,否则会出现过多的等分线,尺寸标注过繁。其次,可以将实线加说明线,以粗细线或虚实线明确区别。最后,字形可以用色彩或实心字来表示,但注意和说明线的明确区分。

原研哉与美即面膜品牌重设计

原研哉这个名字,似乎已经成为日系设计中极简、留白、自然之美的代名词。原研哉(Kenya Hara),1958年6月11日出生于日本,日本中生代国际级平面设计大师、日本设计中心的代表、武藏野美术大学教授,无印良品(MUJI)艺术总监。设计过长野冬季奥运会开、闭幕式的节目纪念册和2005年爱知县万国博览会的文宣设计手册。其工作室业务范围更广,包括海报、包装、推广项目与活动计划等整体设计工作。伊势丹、味之素、竹尾花纸、米其林车胎与历家威士忌酒等都是他的客户。

这是近期一个由原研哉操刀进行品牌重设计的作品,背后的故事是被欧莱雅收购的美即需要改头换面,树立一个国际品牌的形象,下图为美即面膜新版Logo展示图(见图5-33)。新的Logo设计保留了mg这两个字母,只是把大写的G换成了小写的g,在视觉上消除略显稚嫩的大圆,改为使用圆矩形,同时加粗了字体,整体显得纤长而优雅,同时加上灰度的颜色,标志变得中性而非之前的年轻活泼。中文文字使用的是"美即面膜",对于品牌的商业战略而言,这是一个更趋向专业化、细分市场的调整。字体使用了跟图形一样的圆角。

图5-33 美即mg面膜的Logo重设计(日·原研哉)(图片来源:标志情报局官网)

(资料来源:http://www.adquan.com/post-4-30797.html)

第三节 标志色彩设计

色彩在识别系统中也是非常重要的一部分,它能有效地区分与强调企业形象的差异性与结构性并充分发挥全面扩散,统一形象识别的大众传播效果。随着视觉形象系统设计的发展与进步,越来越多的设计师把眼光投向对色彩系统的创意,建立一个个独特有效的色彩识别系统,很好地配合标志图形起到有效的传播作用。

一、标准色彩设计

标准色是企业根据自身特点制定的某一色彩或某一组色彩,用来表征企业实体及其存在的意义。色彩是视觉感知的基本因素,它在视觉识别中的决定性作用,使得企业必须规定出企业用色标准，使企业标志、名称等色彩实现统一化和保持一贯性，以达到企业形象和视觉识别的目的。

（一）标准色定义

标准色是用来象征公司或产品特性的指定颜色，是标志、标准字体及宣传媒体专用的色彩。在企业信息传递的整体色彩计划中，具有明确的视觉识别效应，因而具有在市场竞争中制胜的感情魅力。标准色由于具有强烈的识别效果，因而已成为经营策略的有力工具，日益受到人们的重视，在视觉传达中扮演着举足轻重的角色。

图 5-34 所示为首尔航空（Air Seoul）全新品牌形象，现代、简洁字体的文字标志象征着首尔航空的干练与合理服务。特别是品牌颜色 Air Seoul MINT 象征着首尔航空提供的价值，即 Open（开放）、Refresh（刷新）、Relax（放松）、Pleasant（愉悦）等公司理念。因此，设立标准色的目的，在于依靠这种微妙的力量，来树立企业、品牌或商品所期望建立的形象，作为企业经营策略的有力工具。

图 5-34　首尔航空全新品牌形象设计标准色应用（图片来源：标志情报局）

（二）标准色的设定

标准色的设定并非限于使用单色，可根据上面色彩的特性，按照完整准确地表现企业形象的需要，选择单色或多色组合，一般有如下三种方式。

1. 单色标准色

色彩集中单纯有力，给人以强烈的视觉印象，能够给消费者留下牢固的记忆，这是最为常见的企业标准色形式。如万宝路香烟的红色，麦当劳的黄色，七喜汽水的绿色等都是采用单色标准色的设定方式（见图 5-35）。

图 5-35　单色标准色的应用（图片来源：标志情报局）

2. 复色标准色

为了塑造特定的企业形象，增强色彩律动的美感，许多企业在标准色的选择上多采用两色以上的色彩搭配。日前，移动社交平台陌陌正式公布了全新彩色品牌标识，在保留原有 Logo 定位标识、对话气泡、眼睛元素的同时，大胆地启用了红、黄、蓝三原色渐变的设计，整体新品牌标识更显年轻、富有生命力。同时，伴随品牌升级，陌陌也提出了新的品牌主张"视频社交，就在陌陌"。

对比陌陌新旧 Logo 不难发现，最大的不同在于色彩的运用。陌陌旧的品牌标识以蓝色为主，更偏科技感，工具属性更浓。而新品牌标识由红、黄、蓝三原色渐变组成，彩色的设计让整体 Logo 富有亲和力和生命力，从深色到浅色的过度寓意着人与人通过陌陌的连接从陌生走向熟悉的过程（见图 5-36）。

图 5-36　陌陌全新标识标准色表现（图片来源：标志情报局）

3. 标准色＋辅助色

为了区别企业集团母子公司的差异或用色彩对企业不同部门，或品牌、产品的区别，一般均采用这种色彩系统的标准色形式。哈根达斯（Häagen-Dazs）始创于 1921 年，是美国快消品巨头通用磨坊（General Mills）旗下的旗舰雪糕品牌。其以至臻品质闻名遐迩，带给人们关于浪漫、惊喜、独特的美妙时刻。

自 20 世纪 90 年代以来，哈根达斯一直以高冷奢侈的路线前行，包装主要以红色和金色为主，其中那句经典的广告语"爱她，就带她去吃哈根达斯"让哈根达斯品牌享誉世界，成为冰激凌界的顶级品牌。此次品牌升级其目的是希望能够拉近千禧一代对哈根达斯的品牌认知，建立一个能够和年轻人产生共鸣的品牌价值，最终赢得他们的认同和喜爱。

在包装升级的过程中，设计公司 Love Creative（爱创意）邀请了来自世界各地的 13 位艺术家，创作了 50 幅不同风格的艺术作品，并将这些作品应用在外包装上，用来代表哈根达斯不同味道的冰激凌。相比原来陈旧过时的保守设计，新包装整体效果更具艺术感和现代感（见图 5-37）。因此，企业标准色的设定不能随意为之，必须根据企业的经营理念、性质及色彩自身的象征性加以设定，才能准确地传递特定的企业形象。

（三）标准色标示

标准色设定后，还需要制定严格的管理方法，采用科学化的数值符号或统一编号等标示方法，为以后标准色的实际运用提供依据或样本，以达到标准化、同一化的色彩再现。标准色的标示方法大概有以下三种。

1. 色彩学数值标示法

按照色彩学中表示色彩三要素（色相、明度、纯度）的数值，标示企业标准色的相应数值，

图 5-37　哈根达斯全新包装设计色彩表现（图片来源：标志情报局）

以求取精确的色彩。

2. 印刷油墨或油漆涂色色彩编号标示法

根据印刷油墨或油漆涂料制造厂家所设定的色彩编号来制定企业标准色。

3. 印刷制版标示法

根据印刷制版的色彩分色百分比，标明企业标准色所占的百分比，以利于制版分色的作业。例如 Pop Up Luv 营销平台品牌形象视觉设计就是应用印刷制版形式对色彩进行标示的。

上述标示法，各自在标示和再现色彩精确度方面都有其优缺点，应根据标准色运用时可能涉及的传播媒介的特点，配合运用项目的需要，选择适当的标示方法，以便核对色彩再现的精确度。最后，为了管理的方便，还需印制标准色票（或样本），以利于各种应用设计项目制作时参考，供印刷成品的校对、比较。

二、辅助色彩设计

（一）辅助色彩的定义

企业辅助色是指企业为塑造独特的企业形象而确定的某一特定的色彩或一组色彩系统，运用在所有的视觉传达设计的媒体上，通过色彩特有的知觉刺激与心理反应，以表达企业的经营理念和产品服务的特质。辅助色在整体的画面中起到平衡主色的冲击效果和减轻其对观看者产生的视觉疲劳度，起到一定量的视觉分散及渲染作用，允许根据具体情况选用辅助色，但要注意保持与基本色的协调关系。

（二）辅助色彩的作用

辅助色彩是视觉识别系统中标准色彩的有效补充，主要可以从两个方面弥补标准色彩可能存在的不足：一是在实际应用中，标准色彩常常显得单调乏味；二是企业在母公司、子公司、不同部门、不同场合和不同品牌的传播活动中，需要有相应变化的色彩作为辅助色，以便于内部区分和加强视觉效果。图 5-38 所示为高鹏设计出品的丰润石材品牌形象设计。丰润石材是集开采加工、生产制造、设计施工为一体的石材供应商，此视觉形象通过图标化的视觉语言、体现其主要特点，形象独树一帜，全新视觉体系为其后续发展奠定基础。该公司针对各种产品、广告媒体规划了多种色彩系统，详细规定了各色彩运用的项目与配置面积，使企业的视觉形象更丰富且具有条理。

图 5-38　丰润石材品牌形象设计（图片来源：高鹏设计出品）

第四节　辅助图形设计

辅助图形也称为辅助图案，是 VI 系统中不可或缺的一部分。它可以弥补基本要素的设计运用不足，尤其在传播媒介中可以丰富整体内容、强化企业形象。品牌辅助图形犹如公司的第二张脸，它能强化企业识别系统的诉求力，抓住受众的视线，引起人们的兴趣，从而更明确地传递企业特征。辅助图形能更好地配合企业标志，当标志不方便突出展示时，由辅助图形加强展示，能起到对比、陪衬企业标志的作用，同时可增加其他要素在应用中的柔软度与适应性。每一个世界顶级企业都意识到辅助图形牵引出的形象力量，它在标志的基础部分与标志的地位几乎是相等的。

一、辅助图形的定义

辅助图形有时也称为象征图案或特形图案，它是 VI 系统中不可或缺的一部分，它可以增加 VI 设计中其他要素在实际应用中的应用面，尤其是在传播媒介中可以丰富整体内容、强化企业形象。

（一）象征图案

象征图案又称装饰花边，是视觉识别设计要素的延伸和发展，与标志、标准字体、标准色保持宾主、互补、衬托的关系，是设计要素中的辅助符号，主要适用于各种宣传媒体装饰画面，加强企业形象的诉求力，使视觉识别设计的意义更丰富，更具完整性和识别性。比如汇丰银行独特的带有一个"三角形"缺口的红色方框图形，其"三角形缺口"是品牌标志的一部分。

汇丰在 2005 年前使用的是旧的广告 VI 系统，几乎没有辅型，而仅靠标志作为形象特征。其缺点非常明显，就是形象记忆点太少，Logo 必须放得很大才能被认出是汇丰。2005 年后，汇丰采用了新的 VI 系统，加了一个显眼的红框，并以 Logo 上的三角图案突破了这个框，让它更有品牌特征。这个框看似简单，其实并不容易表现。从视觉呈现看到背后强大的管理体系，是尊重市场、尊重用户、尊重设计的结果。看似简单的视觉语言，其背后依然是可贵的坚持与到位的执行（见图 5-39）。一般而言，标志、标准字体在应用要素设计表现时，都是采用完整的形式出现，不容许其图案相重叠，以确保其清晰度和权威性，对象征图案的应用效果则应该是明确的，而不是所有画面都出现象征图案。

图 5-39　汇丰银行辅助图形应用（图片来源：汇丰银行官网）

（二）特形图案

特形图案是象征企业经营理念、产品品质和服务精神富有地方特色的或具有纪念意义的具象化图案。这个图案可以是图案化的人物、动物或植物。选择一个具有意义的形象物，经过设计，赋予具象物人格精神以强化企业性格，诉求产品品质。

2017 年第 17 届世界游泳锦标赛于 7 月 14 日至 30 日在匈牙利布达佩斯举行，中国游泳队由孙杨、叶诗文、傅园慧等名将领衔。截至今日，中国以 12 枚金牌、11 枚银牌和 5 枚铜牌的成绩排名第一。该设计早在 2015 年对外公布，根据资料显示，当时是由一个高校的大三学生设计的作品获得了组委会的认可，最终被采用。辅助图形的设计灵感来源于水花并结合当地的传统图案设计而来，整体像一个在水中舞动的运动员，而底部的红色和绿色配色则来自匈牙利国旗的颜色（见图 5-40）。

图 5-40　第 17 届世界游泳锦标赛 VI 手册辅助图形设计（图片来源：中美设计顾问）

二、辅助图形的特性和作用

（一）辅助图形的特性

能烘托形象的诉求力，使标志、标准字体的意义更具完整性，易于识别；能增加设计要素的适应性，使所有的设计要素更具有表现力；具有较强的适应性、灵活性和视觉冲击力使画面效果富于感染力，最大限度地创造视觉诱导效果。

（二）辅助图形的作用

1. 强化企业视觉识别系统的诉求力

辅助图形以强烈且具有个性的视觉特征，不仅能抓住受众的视线，引起人们的兴趣，而且更能明确地传递企业特征。

2. 增加了设计要素的适应性

辅助图形的设计与 VI 基本视觉要素有内在联系，可起到对比、陪衬的作用，同时可增加其他要素在应用中的柔软度与适应性。辅助图形的出发点就是要处理好其他要素的组合形式与应用环境的关系,进一步深化传播品牌核心要素的含义。

3. 提升视觉美感

辅助图形与品牌色彩系统的组合、变化,产生了次序节奏、增加韵律,强化了视觉冲击力和美感,从而产生了视觉上的诱导效果和亲切感,增强了审美趣味。辅助图形不仅是装饰的图案,而且是与品牌基本视觉要素,尤其是品牌标志有紧密联系的图形。其设计题材可以以企业标志的造型作为开发母体,也可以以企业理念的意义为开发母体,设计象征图案等。

三、辅助图形的设计与应用

辅助图形的设计表现富于弹性,以下介绍几种设计方法。

(一)将品牌标志组合成图案

采用标志重复排列组合的方式,使标志图案退化为一种具有装饰意义的"背景",同时也强化了标志的认知。LouisVuitton、Gucci、FENDI 等奢侈品牌利用"标志"崇拜心理,将品牌标志图形直接连续反复组合为有节奏和韵律的图案作为产品的外观装饰,兼具美感和品牌效应。图 5-41 所示为优衣库把整个标志直接放大,将辅助图形直接设计成不同的构成形式、倾斜组合、不同的疏密节奏,或者用标志做底纹效果。

图 5-41　优衣库辅助图形设计(图片来源:中美设计顾问)

(二)截取图形标志的部分元素

利用"完形心理",使用标志图形的局部并进行放大,仍然能够让人联想起品牌标志,同时截取的部分图形也会让人注意到图形标志的独特性和美感。这是一种受到多数品牌欢迎的辅助图形创建方法。图 5-42 所示为 Minsk(明斯克)公司的品牌设计,显而易见 Minsk 的辅助图形都是以蓝色条纹为设计基础,再在此元素的基础上展开设计。蓝色条纹的视觉变化多端。无论应用在平面物料、空间设计或产品设计上时,都特别引人注意,能使品牌形象显得很系统。在这样的品牌视觉氛围中,你不想对它产生记忆都难。

(三)在现有图形标志基础上重新演绎

原有图形标志在变成辅助图案时,美感和生动性会有不足,这时可以用额外关联的方式丰富品牌联想。辅助图形在一定程度上发挥了图形标志的识别作用,但又比图形标志在运用上拥有更多的灵活性。辅助图形运用的"高级"境界是可以帮助品牌形成一种独特的视觉风格,并不仅仅起到一种"装饰""点缀"的作用,也不仅仅把辅助图形作为一种元素使用,而是在辅助图形中融入一种独有的"技巧"。

图 5-42　Minsk 公司辅助图形设计（图片来源：中美设计顾问）

图 5-43 所示为 MOTIF 红酒品牌设计。可以看出设计一款出色的辅助图形完全可以独当一面，可以不需要文字、图片等任何其他装饰，这里设计师有意将 Logo 与图形分开出现，就是为了避免视觉混乱，不让图形把 Logo"吃"掉！这样 Logo 与图形就达成一个和谐的烘托关系！

图 5-43　MOTIF 红酒辅助图形设计（图片来源：中美设计顾问）

四、辅助图形开发中的注意事项

辅助图形是为了配合基本要素在各种媒体上广泛应用而设计的，在内涵上要体现企业精神，起到衬托和强化企业形象的作用。通过象征图案的丰富造型来补充标志符号建立的企业形象，使其意义更完整、更易识别、更具表现力。在具体开发辅助图形时，从品牌特性和实际应用的适合性角度出发，需注意以下事项。

（1）无论是提取标志中某一核心元素的构成样式，还是重新提炼、变化几何造型为辅助视觉图形，辅助图形的意义和作为符号的独立性都不能超过标志。

（2）辅助图形的设计不应该只是一种纯粹的装饰符号，而应当具有一定的意念内涵，以丰富整个基本设计要素的文化底蕴与美学价值。

（3）辅助图形的设计需要从适用的角度出发，考虑实际使用情况中出现的问题。另外，辅助图形作为设计基本要素的辅助性要素，不能将其孤立、单独审视，一定要在与基本要素的组合搭配中确定它是否合适。

（4）不是所有的企业形象识别系统都能开发出理想的辅助图形。有的标志、标准字体本身已具备了画面的效果，那么象征图案就会失去积极的意义，在这种情况下使用标准色丰富视觉形象更理想。

（5）辅助图形是为了适应各种宣传媒体的需要而设计的，但是应用设计项目种类繁多，形式千差万别，画面大小变化无常。这就需要象征图案的造型设计是一个富有弹性的符号，能够随着媒介物的不同或者版面面积的大小变化作适度的调整和变化，而不是一成不变的定型图案。

第五节　吉祥物设计

吉祥物是企业文化的载体，也是企业视觉识别系统的重要组成部分。它是为了强化企业性格，配合广告宣传而为其专门设计创作的人物、动物等拟人化的形象，可以活跃企业形象，拉近企业和消费者之间的距离，成为沟通企业与消费者的亲善大使。吉祥物是品牌的识别符号，甚至在某些个案中，吉祥物超越了标志的权威地位，成为某个产品的象征物。

一、吉祥物的定义

吉祥物通常采用有吉祥寓意的动物、植物及人物为造型，根据受众的心理和本民族的审美习惯来进行选择。在设计时需要注意被选定的吉祥物要能准确表达企业的特点，传达出企业的信息和优势，同时要考虑到使用各种材料和不同工艺的可操作性。世界第一个诞生于企业并被企业当成商品促销之用的吉祥物是一种用布做成的玩具，叫"狗比特"，产生于18世纪英国工业革命时期的一家食品饮料企业。

当时人们买两只烤热狗，就能获赠一个"狗比特"。第二次世界大战后，吉祥物逐渐在企业活动中扮演越来越多的角色，成为企业识别系统（VI）之一。吉祥物在发达国家商业活动中更是频频出现，蓬勃发展，成为企业重要代言物之一。譬如，迪士尼乐园的"米老鼠"，麦当劳的"麦当劳大叔"等，而我国海尔的"小兄弟"也闻名世界。

然而，由于现代经营意识落后，吉祥物一直难以成为我国饮料企业形象塑造、品牌经营、营销推广的一个重要部分。在我国，不知吉祥物为何物、为何用、如何用的企业比比皆是。据悉，我国绝大多数饮料企业的商业推广活动，90%以上的促销品、赠品、礼品都是使用别的厂商制造的产品或与企业品牌没什么关系的用品，使吉祥物作为营销媒介的价值大大降低，甚至出现"英雄无用武之地"的现象。世界著名经营大师沃尔勒说："如果说品牌（商标、品名）是您的脸，让人记住您；那吉祥物则是您的双手，让您紧握着别人，与人产生情感，发生关系。"

二、吉祥物的分类

从形式的层面上，可以把吉祥物分为人格化吉祥物、故事化吉祥物和多元化吉祥物三种形式。

（一）人格化吉祥物

人格化吉祥物是指吉祥物不仅具有造型方面的某些特征，而且有特定的性格，如美丽、友善、憨厚、活泼、可爱、好动、博学、超人能力、乐于助人、富有幽默感等。如图5-44所示，为米其林吉祥物"轮胎人"。米其林（Michelin）成立于1888年，是一家总部设于法国克莱蒙费朗的轮胎生产商，该公司是法国最大、全球第二的轮胎及橡胶制品制造商；也以"红与绿"（Red and Green）旅游指南及米其林餐厅评分驰名。

图 5-44　米其林吉祥物"轮胎人"发展历程（图片来源：标志情报局）

近日，米其林更新了其标志和视觉识别。米其林轮胎人的创造灵感来自于米其林公司1894年在里昂举办的一次展览会上，因为在展台附近堆积了很多不同直径的轮胎，创始人之一的爱德华看到后说："如果给它们加个手和脚，那是不是就变成一个人了。"于是，一个由许多轮胎做成的特别的人物造型出现了，上面有画家奥加罗普的签字。在几个月后，"米其林轮胎人"被明确地以法语命名为"Bibendum"。从此米其林轮胎人便开始出现在海报上。

（二）故事化吉祥物

故事化吉祥物是设计师有意识地以故事化手法创造出有关吉祥物的系列故事，比如电影、动画片、连环漫画、神话传说等，其目的是在故事的展开中丰富吉祥物的形象特征与性格特征。

小黄人是电影《神偷奶爸》中的角色，在《神偷奶爸》系列设定中是格鲁和尼法里奥博士用两杯香蕉泥、变种DNA和脂肪酸组成的胶囊状生物，而在小黄人的自传片《小黄人大眼萌》中，小黄人是亿万年前单细胞进化的生物，小黄人的历史至少可追溯到恐龙时期。在《神偷奶爸》中，小黄人军团绝对是最让人"无法直视"的角色。这些短胳膊短腿、爱吃香蕉的可爱小黄人们不但工作效率极高，还有一种能把事情搞砸的奇异天赋。他们拥有极其强大的表演能力，能cosplay（指利用服装、饰品、道具以及化妆来扮演动漫作品游戏中的角色）任何一种职业。

2017年6月28日时隔两年，麦当劳再次发布"黄色高萌预警"，携手电影《神偷奶爸3》刮起一场夏日萌趣风暴！麦当劳全国30余家餐厅变身为小黄人主题餐厅。主题餐厅内不仅随处可见小黄人调皮的身影，还设有互动拍照体验区，让你进店就忍不住拿出手机拍个不停，提前感受《神偷奶爸3》中的逗趣场景（见图5-45）。

（三）多元化吉祥物

多元化吉祥物是指吉祥物的形象已经产生了相当影响之后，对吉祥物进行全方位、多元化的设计。例如，从平面形象发展成为立体形象，从展览形象发展成为玩具形象，从成人世界的形象发展到儿童世界的形象，从体育形象发展到文化形象的。通过这些变化使吉祥物形象广泛地在市场与家庭中流行。

日本熊本县营业部长兼幸福部长、熊本县地方吉祥物——熊本熊（日语：くまモン，英语：Kumamon，官方中文名：酷MA萌）是中国粉丝们给其起的别名和昵称，并深受年轻人喜爱。熊本熊最初设计目的是以吉祥物的身份，为熊本县带来更多的观光以及其他附加收入，并在2011年被授予熊本县营业部长兼幸福部长，成为日本第一位吉祥物公务员。

图 5-45　麦当劳"小黄人大眼萌"系列（图片来源：麦当劳中国官网）

为了突出本县特色，熊本熊在身体上使用了熊本城的主色调黑色，并在两颊使用了萌系形象经常采用的腮红，而红色也蕴含了熊本县"火之国"的称号，它不仅代表了熊本县的火山地理，更代表了众多美味的红色食物。熊本熊的动作行为同样也是经过设计的。它的每次挥手、每个动作也都在计划内，包括最知名的"捂嘴"动作都被证明会令人感到可爱。而经常使用的抬脚动作，则来自另一个卡通前辈米老鼠。

日本到处都能看到熊本熊的身影，从指示牌、自动贩卖机、出租车车身到各种零食包装，甚至出租车司机的领带上，以它为中心的周边产品不计其数，还有售卖大量熊本熊及熊本县物产的商店，熊本熊的表情包更是火遍了网络（见图 5-46）。

图 5-46　日本熊本县地方吉祥物——熊本熊（图片来源：标志情报局）

三、吉祥物的设计原则

（一）选取方向

吉祥物的选取首先应从品牌、产品的特征出发。比如，法国米其林公司的轮胎造型吉祥物，品牌角色直接交代出产品类别，指代度很高。因此吉祥物的选取一定注意要与品牌、产品保持较高的关联度，而非任意可爱的形象都可拿来作为品牌角色。

（二）形象塑造

吉祥物的塑造并不仅仅是指外在形态上的设计，更重要的是内在性格上的刻画，也就是对人物的外貌与性格的双重塑造。总体要求美观、有趣、亲和度高、性格鲜明、惹人喜爱。

（三）形象拓展

与标志比较，吉祥物的设计十分注重多样统一、灵活多变的衍生设计。基本造型定稿后，可进行多姿态、多神态的设计，使得角色由静态向动态延伸，甚至可以编出故事情节，角色因此就有了经历、遭遇，给人更为真切的感受，进一步增强了感染力。

四、吉祥物的设计流程

吉祥物的设计与一般的商业美术设计并无多大差别，都是属于有目的性的设计。所以在设计前对于案例背景、特色以及设计的目标都必须有完整深入的了解，以此作为设计的依据。

（一）了解与分析

设计与艺术、绘画不同之处在于它是有目的性的，是用于解决问题的。吉祥物设计也是如此。所以在执行设计操作前，必须对主题背景及相关的设计条件做一个深入的了解，才能确保设计作品是否符合主题。对于每一个企业、商品或活动而言，其对吉祥物的需求是不相同的，而针对不同的设计目的与需求，就必须以不同的设计方案来解决。

此外，吉祥物的定位问题也十分重要。设计师必须先与业主沟通并讨论，明确应该赋予吉祥物何等的角色与功能。因为功能角色定位的问题将影响后续的延伸设计与策略的应用。

（二）设计作业

在对企业、个人、商品或活动的主题、特色、设计需求及角色定位有了全面的了解后，接下来即可展开设计的作业。而在设计作业中基本上可分为寻找设计方向、寻求设计主题、确定基础造型、造型延伸设计等阶段。以下对各不同阶段作业的重点和该注意的问题作一个概略的介绍。

确定设计方向。吉祥物的设计可以有多种不同方向。可以通过企业特色、企业文化、地域特色、传统习俗、产品特色等不同方向来表现。所以在设计前必须先由众多可能性的诉求方向中，找出一个最有特色、最能代表企业的方向。之后才能确定表现主题。在明确设计方向后，接下来就必须针对设计方向的重点、特色寻求合适的表现主题。在此阶段作业中，一般可以依据动物、植物、人物等不同类别，进而分析其特征、做不同的象征意义联想后，从中选择较为贴切的主题。

（三）原形设计

在选定适当的设计主题后，接下来就必须针对主题，明确其造型，赋予个性，而在吉祥物造型设计过程中，有许多问题、细节是设计师必须慎重考虑的。首先必须要确定所设计出的造型是容易被熟悉的（注意，不仅仅是辨认就足够了，而且这个造型要具备高度审美性、永续性）。其次，在造型表现上必须具备原创性，千万不能和其他形象雷同。最后则必须考虑是否可以做到多元化、多变化的延伸表现，以及与各种媒体的配合度。因为吉祥物是企业的代表，在设计上除了要注意造型的讨喜外，还必须赋予个性、特质，使其与企业、主题产生关联性。

（四）延伸设计

在设计出吉祥物的原形后，接下来必须针对吉祥物的出现场合、使命以及各种情境做出不同的动作、姿态的延伸设计。而在延伸设计时必须以原形作为发展基础,力求自然、流利地表现。

向世界顶级 Logo 设计大师伊万·切尔马耶夫致敬!

伊万·切尔马耶夫(Ivan Chermayeff)2017 年 12 月 2 日离世,享年 85 岁。他是世界上最成功的 10 位 Logo 设计师之一,他定义了美国的平面设计之一。也许,你不知道 Ivan Chermayeff!但你一定知道他的作品 NBC Logo 设计。Chermayeff & Geismar 设计公司创始人伊万·切尔马耶夫和汤姆·吉斯马(Tom Geismar),他们在美国创造了一系列知名品牌的标识,包括美国大型石油企业美孚、大通曼哈顿银行、美国公共广播电台 PBS、国家地理(见图 5-47 和图 5-48)。此外,他们还为奥巴马设计过总统竞选材料,也为纽约古根海姆博物馆和美国自然历史博物馆等文化机构制作过海报。

图 5-47　Ivan Chermayeff & Tom Geismar 合照　　　图 5-48　美国国家广播公司 Logo

1957 年,伊万·切尔马耶夫与合作伙伴汤姆·吉斯马创立了 Chermayeff & Geismar(切尔马耶夫·吉斯马)工作室,他们是耶鲁大学的校友。2006 年,Sagi Haviv(史记·哈威)成为其工作室第三个合伙人(见图 5-49)。纽约现代艺术博物馆(MoMA)的标识,是众多博物馆中最有识别度的字体标志,现代风格强烈。

经典的富兰克林歌德二号字体,帮助 MoMA 创造出有力一致的机构传播声

图 5-49　三人合照

调。同样为人所熟知的，还有洛杉矶当代艺术博物馆(MoCA)的标识。在这个Logo中，只有C是个规范字母，在本该是字母M，O和A的位置上只有三个几何图形：一个正方形，一个圆形和一个三角形。这两个经典Logo都是出自纽约平面设计师伊万·切尔马耶夫之手(见图5-50)。

"Ivan是一位出色的设计师和插画家，他有着充满活力的个人风格，令人感到愉悦、智慧和机敏。"汤姆·吉斯马在一份声明中表示："他喜欢创造惊喜、大型物体，以及运用大面积的红色(见图5-51)。"Ivan本来就出生于设计世家，他的父亲是生于俄罗斯的英国建筑师Serge Chermayeff(毕基·切尔马耶夫)，当时正与建筑师Erich Mendelsohn(埃里希·门德尔松)共同创业，完成了许多著名的现代主义风格项目，包括东萨塞克斯郡的公共建筑DeLaWarr Pavilion(迪纳瓦·帕维廉)，以及伦敦切尔西街区一条历史悠久街道上的宅子。

图5-50 纽约现代艺术博物馆及洛杉矶当代艺术博物馆Logo(图片来源：Logo设计)

图5-51 Harper Collins出版社Logo

Ivan八岁时，随父亲移居美国，先后在哈佛大学、芝加哥设计学院和耶鲁大学艺术学院学习。Ivan的弟弟同样也踏上了建筑设计的路子。但Ivan选择了一条与父亲完全不同的道路，在平面设计和插图领域做出了成绩。此外，他还编撰了童书绘本，并且在纸艺拼贴和雕塑方面都有涉猎，称自己是个艺术家(见图5-52)。

Ivan是一个设计偶像，但他也是一个导师，他追求好的设计，好的设计意味着卓越，任何低于卓越的标准制造出的设计都不能称得上是好设计。1978年，伊

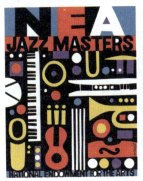

图5-52 Ivan Chermayeff海报设计作品(图片来源：Logo设计)

万·切尔马耶夫与汤姆·吉斯马收获了美国平面设计协会(AIGA)的金奖。此后，伊万·切尔马耶夫还曾担任过很长一段时间 AIGA 的主席。正如他的工作室所说："对于 Ivan 来说，除了他的专业工作以外，拼贴画是个人表达的最佳手段。每一张拼贴画都明亮，丰富多彩，高度图形化的拼贴画，包括信封、包装碎片、票根以及各种类型的东西(见图 5-53)。"

（资料来源：http://mp.weixin.qq.com/）

图 5-53　Ivan Chermayeff 拼贴画设计作品（图片来源：Logo 设计）

本章主要讲授 CIS 企业形象设计的基础系统，通过讲授标志设计构思与形式法则，帮助学生拓展设计思维，增强学生的平面造型能力与艺术表现能力，深入了解与正确掌握标志设计、标准字体设计、标志色彩设计、辅助图形设计及吉祥物设计等内容的视觉语言及表现技法，并在设计实践中做到灵活运用，探索出新的设计语境。

1. 标志的定义、分类、由来及演变，以及标志的设计原则、设计思路、造型及表现方式是什么？
2. 标准字的种类、特性及标准字的设计方法是什么？
3. 标准字组合方式及标准制图是什么？
4. 标志色彩的构思、设定方式及标示制图是什么？
5. 收集有关吉祥物设计分类信息，并结合资料分析吉祥物的类型、特性及设计方法。
目的：增强学生对吉祥物设计的理解，掌握吉祥物的设计技能，提高综合设计水平。
要求：进行吉祥物设计练习，建议每人设计一套方案，并做出必要的设计说明。

第六章

企业形象设计的应用系统

1. 了解企业形象设计的应用系统。
2. 了解办公事务用品类的规格、材料等设计要求,以及对名片、信封、信纸、便签等进行系统化设计的要求。
3. 掌握标示系统的种类、规格、材料等设计要素,并掌握旗帜、招牌等进行系统化设计的方法。
4. 增强学生对环境系统设计的理解,掌握商业环境系统中门头、橱窗、卖场环境和商品陈设等方面的设计技能。
5. 掌握对平面广告、户外广告的类型、特征的理解,掌握广告设计技能。

标示系统、环境系统、包装系统、交通系统、广告系统、办公室事务用品类、服装服饰系统、广告媒体系统。

这座小城 113 年历史上有了第一面官方旗帜

贝灵汉(Bellingham)位于美国华盛顿州北部,其名字来源于城市所在的海湾贝灵汉海湾(Bellingham Bay)是美国最北端的城市,距离加拿大的温哥华仅 84 千米。今年早些时候,贝灵汉推出了全新的市旗设计,这是该城市 113 年以来历史上的第一面官方旗帜。

据了解,设计旗帜的设计师叫 Bradley Lockhart(布拉德利·洛克哈特),他介绍称:"我设计的这面旗帜是严格按照旗帜学的原理进行的,这是对旗帜历史、象征和表现形式的科学研究"(见图 6-1)。最终这个

图 6-1　贝灵汉官方旗帜设计（图片来源：标志情报局）

设计赢得了贝灵汉市举办的设计竞赛，并于 2017 年 4 月 24 日由贝灵汉市政府正式通过，成为官方认可的旗帜。

旗帜设计由代表贝灵汉湾的蓝色海洋和四条绿色条纹组成。其中四条深浅绿色的条纹代表了贝灵汉历史上是由四座小镇合并而成的，它们分别是 Whatcom 镇(诞生于 1852 年)、Sehome 镇(诞生于 1854 年)、Fairhaven 镇(诞生于 1858 年)和 Bellingham 镇(诞生于 1871 年)。左侧蓝色背景上的两个白色四角星代表了原住居民部落卢米(Lummi)和诺克萨克(Nooksack)。而蓝色中三条白色的波浪线代表了 Whatcom 县(Whatcom 是努克萨克语，有"嘈吵的水"的意思)的瀑布公园。目前这个旗帜已经被公民和当地企业广泛接受。该旗帜飘扬在当地的旗杆上，挂在餐馆和酒吧里，出现在 T 恤衫、贴纸、滑板上等(见图 6-2)。贝灵汉市政府为了表彰布拉德利·洛克哈特为市旗设计做出的成就和贡献，2016 年授予他和平建设者奖和终身成就奖。

图 6-2　贝灵汉应用系统设计（图片来源：标志情报局）

案例解析：

企业形象设计主要由两大部分组成，既基础识别部分和应用识别部分。当企业、机构或活动的标志、标准字、企业造型或吉祥物等视觉识别基本要素设计完毕后，还需对应用项目进行严谨的规划设计。否则，就无法达到识别与传播企业形象的预期效果。视觉识别的应用项目数量繁多，应当涵盖与识别主体相关的所有可视面，可以细分为办公、标示、环境、交通、服饰、广告媒介、产品包装、陈列展示等子系统。各个子系统项目的设计可以按专业分工合作，同步展开，但要遵循 CIS 总体概念规划进行，首先应当准确传达出企业精神理念和产品特色。

（资料来源：http://www.logonews.cn/bellingham-flag.html）

企业视觉识别系统中的基本要素与应用要素的内容、形式,需要根据企业经营的内容与服务的性质来决定。其内容、项目的多少,与企业识别系统开发设计工程的大小和实施程度成正比。其设计风格、特色也因企业产品、经营特色及企业识别系统在应用中的展开程度而有所不同。

第一节 办公事务用品类

一、办公事务用品的种类

办公用品包括名片、信封、信纸、便签、传真纸、公文袋等事务性用品以及发票、预算书、介绍信、合同书等专业性用品,配合使用企业的标准色及辅助图形进行使用。

（一）名片

名片又称卡片(粤语写作咭(kā)片),中国古代称名刺,是标示姓名及其所属组织、公司单位和联系方法的纸片。交换名片是商业交往的第一个标准官方交流动作,也是最快、最有效的自我介绍的方法。

1. 名片的规格

一般名片的标准尺寸为 90mm×55mm,有些设计机构为求得形式上的个性化,常常在高度上进行变化。一般最低高度不低于 45mm,高于 55mm 的造型,可以考虑多出的部分进行折叠,或者折叠后进行膜切处理。因为大多数名片夹、名片盒都是按标准尺寸制作完成的。

2. 名片的设计

名片一般分为单面设计和双面设计两种。内容包括标准标志、企业或机构名称、名片使用者的姓名和职务、企业或机构的联系方式、名片使用者的联系方式等。在造型上,一般采用横式或竖式(优雅别致,因而文化艺术机构使用较多),图 6-3 所示为 Emile Plaza(埃米尔广场)餐馆品牌名片设计。

图 6-3 Emile Plaza 餐馆品牌名片设计（图片来源：设计圈）

3. 名片的材料

（1）铜版纸印刷的普通彩色名片

现在常见的名片是 300g 铜版纸制作,由于印刷行业的竞争,现在 300g 铜版纸名片是价格最低也是最适用的宣传用名片。铜版纸的一般厚度为 32μm，名片成品尺寸为 90mm×54mm。

(2) 铜版纸覆膜名片

也就是300g铜版纸上下双面覆上亮膜或哑膜，这样的名片厚度和硬度都要比300g铜版纸不覆膜的名片好，但价格也会高些。特点是比不覆膜的名片耐磨，可以使用时间久一些，同时也轻度防水，质感强。亮膜发亮，哑膜看不出来，但手感特别好，采用哑膜设计处理的名片较多。

(3) UV名片

UV名片现在比较流行并常用，用来彰显个性，提高个人档次。材质还是300g铜版纸覆哑膜，但是加上UV多了一道工艺，因此提高了名片的造价。所以UV名片比较贵，一般厂家只做单面UV的名片。

(4) 特种纸名片

特种纸名片也是个性名片印刷的首选，纸的本身就带纹理，质感特别强，同时在上面可以烫金，加上烫金工艺会很贵。常用的特种纸有刚古、冰白、莱尼卡、丽芙、针孔等，这些都是高大上名片的最佳选择。

(5) PVC透明名片

透明名片不但个性突出，有透明效果，时代感特别强，而且特别耐磨，防水并可长久使用。正常的厚度为0.38mm(相当于银行卡的一半厚度)，成品尺寸是85mm×54mm。

(6) 金属名片

为金属材质，是采用蚀刻技术制作，做工比较烦琐，所以名片造价比较高，是很多高档场所或个人的首选，体现尊贵高雅的气质，常用的有银色和金色两种。

4. 名片的印刷

名片根据印刷方法不同，可以分为以下几类。

(1) 激光打印

激光打印是目前使用最广泛的印刷方式，同时胶印和丝网也都离不开激光打印，它们简单的制版也靠激光打印来完成。目前的激光打印可分为黑色和彩色两类，它们可分别做出档次不同的计算机名片。

(2) 胶印

胶印是目前传统的名片印刷方式，它的使用要比计算机名片复杂得多。首先设计好的名片样版要打在转印纸上，或者出成印刷菲林(有网线的彩色图片)，然后再用晒版机把转印纸或菲林上的名片样版晒到名片专用的PS印刷版上。最后，再把晒好的PS版装上名片胶印机即可印刷。

(3) 丝网印刷

因其不太适合纸上印刷，在名片印刷中很少用到。丝网印刷与胶印一样，也需把设计好的名片样版打在转印纸上，或者出成印刷菲林，然后再用丝网专用晒版机把转印纸或菲林上的名片样版晒到丝网印刷版上，再把丝网版装上丝网印刷机即可印刷。

(二) 信纸

信纸是一种切割成一定大小，适用于书信规格的书写纸张。

1．信纸的规格

常见的信纸规格有以下几种。

16 开：大 16 开 21cm×28.5cm、正 16 开 19cm×26cm；

32 开：大 32 开 14.5cm×21cm、正 32 开 13cm×19cm；

48 开：大 48 开 10.5cm×19cm、正 48 开 9.5cm×17.5cm；

64 开：大 64 开 10.5cm×14.5cm、正 64 开 9.5cm×13cm。

2．信纸的材料

在特种信纸选择上可以考虑 250g 以上的铜版纸或亚粉纸。铜版纸比较亮，亚粉纸比较暗。这样的纸比较厚，邮寄过程中不易折坏。若是考虑油墨吸附性，一般选用 60～80g 的双胶或再生环保纸即可，价格公道、经济适用。

3．信纸的设计

一般采用竖式，内容有标志、企业或机构名称、企业或机构的联系方式等。可适当装饰。设计时要注意干净简洁，内容一般放在边角处，留出大量空白以备使用（见图 6-4）。

图 6-4　文具品牌视觉设计（图片来源：设计圈）

4．信纸的印刷

为降低成本，信纸可以采用单色印刷或四色印刷。印刷时可采用平版印刷技术和凸版印刷技术。

（1）平版印刷

平版是使用水与墨相互排斥原理的化学印刷方式。因此，其技术的适用性与其他版式有很大区别。堆纸材料需要注意纸张的纵横丝流不可混合堆在一起，否则将会因纸张伸缩产生印品颜色的变化。

（2）凸版印刷

根据文字稿件种类的不同，有印在铜版纸上、有书写在模造纸上或手写在毛边纸上的印刷等。因此，在印刷拼版前必须先确定装订方式，以便配合编排与落版。

（三）信封

信封，一般是指人们用于邮递信件、保守信件内容的一种交流文件信息的袋状包装。

1．信封的规格

国内标准信封规格有（正面的长×宽）如下。

3 号（B6）信封：176mm×125mm、5 号（DL）信封：220mm×110mm；

6 号（ZL）信封：230mm×120mm、7 号（C5）信封：230mm×160mm；

9号(C4)信封：324mm×229mm。

不通过邮局寄送的特殊信封，规格可随意些，应根据设计需要进行设计。但要注意将信封尺寸与标准尺寸的大小相配合，尽量减少浪费。

2. 信封的材料

一般采用80g～150g的双胶纸、牛皮纸(本色牛皮纸、白色牛皮纸)，根据不同的功用，也有用艺术纸、铜版纸等。要求纸张必须具备较高的抗张强度和撕裂度，以免断纸、开裂，采用胶版纸最佳搭配，因为胶版纸吸墨(见图6-5)。

图6-5 Mak N Ming餐厅品牌应用设计(图片来源：设计圈)

3. 信封的设计

邮寄信封的设计位置和规范都是有规定的，一般只能利用信封右下角的指定位置，安排相关的VI设计要素。如果不按邮政部门要求设计，会不予邮寄。除信封必备内容(如邮政编码方框、贴邮票处、企业邮政编码)外，与信纸内容基本相同，设计风格与名片、信纸一致。特殊规格的信封由于尺寸与常规不同，不能通过邮局寄送，多用于盛装请柬、问候卡、礼品等。因此，特殊规格的信封在设计上受限较少，可以配合用途，设计比常规信封效果更强烈、个性一些，印刷要求高一些，但不要游离于VI整体设计之外。

(四)便笺

具有一定质量、尺码或折痕的适宜于笔记、书信及便条用的书写用笺、便条。

1. 便笺的规格

便笺的用途是徒手草图、速记等，不作为正式文件用纸，因此规格就不那么重要了。但作为文头纸，为避免浪费，还是要将便笺的规格与标准性质相结合，如1/2、1/3、1/4、1/6等标准开度的信纸，甚至可以使用其他印刷品裁切下来的纸头。

2. 便笺的材料

便笺的材料要求不高，通常用60～80g双胶纸即可。

3. 便笺的设计

便笺的设计样式一般与信纸的设计一致。若尺寸过小，可减少一些设计要素，甚至只保留标志及企业简称，以空出作为主要功能的书写区域，图6-6所示为苹果公司便笺设计。

二、办公事务用品的设计要点

办公事务用品的设计与制作应充分体现出强烈的统一性和规范化，表现出企业的精神。

图6-6　苹果公司便签设计（图片来源：苹果公司官网）

其设计方案应严格以标志图形为基础，以文字格式、色彩套数及所有尺寸为依据，以形成办公事务用品的严肃、完整、精确和统一规范的格式，给人一种全新的感受，并表现出企业的风格，同时展示出现代办公的高度集中化和现代企业文化向各领域渗透传播的攻势。

办公事务用品涉及规格、标准、形式和格式设计，以及空间布局、色彩选择的设计等，应注重以下几个重要环节。

（1）企业识别标志及字体、图形、色彩组合必须规范。

（2）所附加的企业地址、电话号码、邮政编码、广告语、宣传口号等，必须注意其字形、色彩与企业整体风格的协调一致。

（3）对于办公事务用品视觉基本要素的引入，以不影响办公事务用品的使用为原则，并在此基础上增加其美感。如纸张中的视觉要素应位于边缘一带，以给其留出足够的空间。

（4）办公事务用品一般应选择适当的材质和制作方式，不能由于成本原因而因小失大。例如现在市面上名片的品种很多，既有铅印、胶印、丝印名片，又有激光名片、相片名片、电子名片、真彩名片等，要根据企业或机构的行业性质，并视印制数量及其性质进行合理选择。要尽可能选择好的制作单位，因为精良的设计需要精良的设备并在技术高超的专业人员操作下，才能制作出精良的质量与效果。

第二节　标 示 系 统

一、旗帜的视觉识别设计

（一）旗帜的种类

在企业VI应用系统设计中，旗帜类也是一个很丰富的类别。旗帜种类包括企业门前飘扬的司旗、办公桌上的桌旗、道路两边的竖旗、庆典活动中的挂旗等。旗帜的种类、样式非常丰富，可根据企业特点选择使用。

1. 司旗

无论是企业还是机构，都要有代表自己形象的旗帜。其称谓根据具体情况而定，如公司的称为"司旗"，商店称为"店旗"，学校称为"校旗"等。

(1) 司旗的规格

大型企业、机构一般使用司旗的规格为440mm×960mm；中小型企业、机构一般使用司旗的规格为960mm×640mm。

(2) 材料及印制工艺

大多数情况下，旗帜使用尼龙防水面料，以胶印工艺印制。质量要求较高时，可以采用特殊面料，水印工艺制作。特殊情况下，要求较高时，也可以使用绣制工艺来制作旗帜。

(3) 使用场合

司旗在企业或机构的大门处、院内广场或主建筑物前的旗杆上悬挂，也可搭配国旗使用。

(4) 设计要求

司旗的设计要素包括企业标志、名称、标准色。由于飘动中的旗帜不易看清太多细节，因此设计时要保证简洁、明确、一目了然的特点，尤其是要突出标志及标准色两个核心要素（见图6-7）。

图6-7　司旗设计（图片来源：设计圈）

2. 竖旗

竖旗通常成排使用，能很好地渲染气氛。竖旗分形象旗和广告旗两类。广告旗是根据具体的广告主题来设计的，服务于具体的广告活动。形象旗是展现企业形象的用旗，在任何活动中均可与企业不同主题的广告旗配合使用。

(1) 竖旗的规格

竖旗的宽度一般为750mm，长度可根据旗帜所处的环境及具体需要确定，灯杆竖旗的规格一般尺寸为750mm×500mm。

(2) 材料和印制工艺

竖旗中的形象旗与司旗的设计从要素上讲，基本上是一致的。但由于大多数竖旗都以固定方式展开，整个幅面都能够完全展现，如果有足够的位置，可以考虑加上企业标语，用于传达企业精神。设计风格和样式与司旗一致。但司旗一般为横构图，竖旗为竖构图，设计要素的排列要与构图方向配合。

(3) 使用场合

竖旗可用于企业的各种活动，特别是室外活动。如企业的周年活动庆典，可在企业室外悬挂竖旗；企业赞助的大型展览会、运动会等，可在城市指定的街道悬挂灯杆竖旗，既可以营造热烈的气氛，又不失时机地宣传了企业，是推广企业形象的良好方式。如图6-8所示为PROJECT Operadagen Rotterdam 节日视觉形象设计。

图 6-8 PROJECT Operadagen Rotterdam 节日视觉形象竖旗设计（图片来源：高端品牌设计中心）

（4）设计要求

企业形象竖旗与司旗的设计基本一致。竖旗整个幅面完全展开，可以清晰详尽地展示其设计内容。因此，广告竖旗可以根据实际宣传需要，展现更多的企业信息，如企业精神、经营理念、广告语、产品图片、产品名称、联系方式等。竖旗的色彩也可以更丰富多彩，构图的变化也相对丰富一些，但竖旗毕竟多用于路边的室外广告，因此，整体设计效果要鲜明、一目了然。

3. 桌旗

桌旗是摆放在办公桌面及会议室桌面上的旗帜。

（1）桌旗的规格

桌旗分为横竖两种构图。横向规格可参考 210mm×140mm，竖向规格可参考 140mm×210mm。横、竖桌旗的插放方式有所不同，横旗斜插，似刀；竖旗垂挂，像帘。

（2）材料及制作工艺

桌旗一般要求硬挺，因室内摆放不会风吹雨淋，且常常近距离观看，故要求制作精良，可采用水印工艺，甚至刺绣制作，中小企业可以采用成本较低的纸面印刷桌旗。

（3）设计要求

桌旗与司旗虽然尺寸、制作工艺的差异很大，但内容和样式却基本上一致。然而桌旗多为对式摆放，设计时既可以让两面旗完全一样，形成重复关系；也可以考虑在色彩上进行正负调换，形成对比效果。图 6-9 所示为瑞典设计学院学生为地球设计的旗帜。

图 6-9 瑞典设计学院为地球设计的旗帜（图片来源：标志情报局官网）

4. 吊旗

桌旗与竖旗一样，多半是在一些活动中为渲染气氛而悬挂的。尤其是商业企业在节庆期间、销售旺季，在卖场内外使用吊旗烘托氛围，为商家造势。吊旗可分为广告吊旗和形象吊旗两类。广告吊旗要根据具体活动主题来设计；形象吊旗要作为 VI 基础设计事先完成，在活动中可与广告吊旗一起使用。

(1) 吊旗的规格

可以按照正方形和矩形两种类型进行设计，具体的尺寸要根据实际需要设计。矩形的比例按照黄金比即可，横竖构图均应考虑。除此之外，还有三角形、异形的吊旗样式。

(2) 材料及印制

大多数吊旗都采用纸面印刷，也有个别采用布面印制的情况。

(3) 设计要求

设计要素与前面几类旗帜大同小异。因为吊旗的作用是为了活跃气氛，设计风格可以适当活泼一些，但不能脱离基本的设计风格。图 6-10 所示为 Finland 100 芬兰独立百年庆典活动形象设计。1917 年 12 月 6 日，芬兰赢得了独立。"芬兰百年庆"形象设计中纳入了各种各样的人脸，包括真实的，也包括想象的；同时融汇了庆典主题"Together"的英语单词和芬兰两大官方语言芬兰语和瑞典语的单词。

图 6-10　Finland 100 芬兰独立百年庆典活动竖旗设计（图片来源：设计圈）

(二) 设计制作要点

旗帜是很好地营造气氛的空间形象传播媒体，在具体的设计中首先要考虑尺寸、悬挂方式，形象信息的选择需要根据旗帜的性质来确定。旗帜的性质决定了旗帜的作用，设计元素的选用必须保证不同性质的旗帜能够各司其职。如司旗、桌旗为形象旗，形象信息应界定在标准标志、标准字体、标准色彩这些核心元素中；灯杆旗、竖旗、吊旗均为广告旗，除了准确传递企业形象基本信息外，特定的广告信息是其立旗的主旨。

旗帜设计的重点是色彩，因为旗帜具有远距离的视觉效果。同时旗帜的材质柔软，一些旗帜由于悬挂原因，不一定长时间舒展展示，色彩就显得更为重要。在广告旗的设计中除了要注重色彩设计外，还应考虑装饰语言的表达，可以借助旗帜的面积和数量反复强调某些装饰因素的视觉感染力。

二、招牌的视觉识别设计

招牌是指挂在商店门前作为标志的牌子,主要用来指示店铺的名称和记号,可称为店标,可有竖招、横招或是在门前牌坊上横题字号,或在屋檐下悬置巨匾,或将字横向镶于建筑物上。坐标是设置在店铺门前柜台上的招牌,明代以前坐地式招牌较为常见。墙招是店墙上书写本店的经营范围和类别。

企业招牌是一种指引性和标识性的视觉符号,是大众首先识别到的企业形象。企业招牌的式样很多,按设置位置可以分为道路招牌和门面招牌两大类别。道路招牌作为企业宣传广告立于城市的建筑高处、街道的两旁、交通要道的交叉路口等地方,主要功能是对其形象的标示,引起路人的注意。门面招牌立于一切经营场所的屋顶、门口、店面和展示厅等地方,对于顾客起招揽和指引的作用。

> **扩展阅读**
>
> **中国传统招牌广告的起源**
>
> 招牌广告是中国古代社会中商业广告的一种重要形式。它是由我国古代先秦时期的悬帜广告发展而来的,随着商品经济的发展和交换活动的频繁,招牌广告的内容逐渐变得丰富起来,其表现形式也开始多样化。悬帜广告最早出现在战国时期,这是行商坐贾出现以后所采用的一种广告形式。
>
> 悬帜广告能够在整个贸易时间内,起着招引顾客的作用。只要人们眼力所及,都能看到迎风飘动的旗帜。它的出现不但说明当时已具备了这种广告形式产生的物质条件(如织染、缝制技术等),而且说明了商人广告宣传意识的增强。严格意义上来说,招与牌不同,牌即牌匾,多为木石类硬版状;招即招子,多为布帛类的旗状。宋代的《清明上河图》中,绘有丰富多样的商业招牌,表现出开封当年繁华的商业环境(见图6-11)。
>
> (资料来源:https://wenku.baidu.com/view/57569014f18583d049645963.html)

图6-11 《清明上河图》各行业招牌(图片来源:搜狐独家网站)

在繁华的商业区里,进入消费者眼帘的往往首先是各式各样具有高度概括力和强烈吸引力的招牌。招牌具有多方面功能,其作用与价值是无可替代的。它应设置在最引人注目的位置,并且大多使用霓虹灯、射灯、彩灯、投光灯、灯箱等手法加强效果,使其醒目突出,招牌对消费者的视觉刺激和心理影响是很重要的。

（一）门面招牌的种类

1. 店面招牌

经营场所正面的招牌叫作店面招牌，是所有招牌中最重要的一种。可以用来标示企业名称、商标和商品名称，以及业务经营范围等。夜晚可以采用投光灯、隐藏灯或霓虹灯等照明（见图 6-12）。

图 6-12　店面招牌设计（图片来源：标志情报局官网）

2. 侧翼招牌

侧翼招牌一般位于经营场所、建筑物或连锁商店的两侧，其显示的内容是给两侧行人所看。可用来标示企业名称、经营方针、经营范围及产品广告等。这种招牌一般以灯箱或霓虹灯为主（见图 6-13）。

图 6-13　侧翼招牌设计（图片来源：标志情报局官网）

3. 路边招牌

路边招牌是一种放在店前人行道上的招牌，用来增加商店对行人的吸引力。这种招牌可以是企业的吉祥物、人物招牌，也可以是一个商品模型或一架自动售货机（如图 6-14 所示）。

4. 栏架招牌

栏架招牌即装在经营场所、建筑面或商店正面的招牌，可以用来表示业务经营范围、商店名、商品名、商标名等。它是所有招牌中最重要的招牌，所以也可以采用投光照明、暗藏照明或霓虹灯照明来使其更引人注目。如图 6-15 所示为日本设计大师原研哉 2017 年所负责对银座六丁目 G SIX 的品牌进行设计，他将人们熟悉的 Ginza 以简写 G 代替，并用银座的代表色

图6-14　路边招牌设计（图片来源：标志情报局官网）

图6-15　栏架招牌设计（图片来源：普象工业设计小站）

金色来点题。G的金色设计代表着"光泽永不褪色"，也代表了银座的"核心金地和奢华内敛"，SIX则是"新地标的代言"。

5. 墙壁招牌

墙壁招牌即利用经营场所大面积墙壁设置招牌，根据建筑结构特点，可以标示出企业的标志、企业造型、吉祥物及企业品牌名称和标准字，一般可以用来书写店名（见图6-16）。

图6-16　墙壁招牌设计（图片来源：标志情报局官网）

6. 屋顶招牌

屋顶招牌即为了使消费者从远处就能看见经营场所，可以在屋顶上竖一个广告牌，用来宣传自己的店面（见图6-17）。

图6-17 屋顶招牌设计（图片来源：标志情报局官网）

7. 遮阳棚招牌

遮阳棚招牌一般由厂商提供给位于社区的规模较小的连锁商店或其他零售店，以增强统一识别与传播效果。遮阳篷招牌对企业经营场所来说是视觉应用设计的一部分，以增强顾客的统一识别感。图6-18所示为餐饮品牌店面遮阳棚招牌设计。

图6-18 遮阳棚招牌设计（图片来源：标志情报局官网）

（二）门面招牌广告的材料

招牌设计制作的形式多样，从古至今，形式各异。古代，由于招牌制作的技术限制，普遍采用木材作为基本材料来制作，制作的形式也多为雕刻、手绘。近代，随着制作技术的提升，给商家提供了更多的选择。时下比较流行的招牌设计制作有喷绘布牌匾、亚克力灯箱、亚克力广告字、霓虹灯牌匾、LED显示屏等。店面招牌设计制作所使用的材料除了木质材料外，还可以使用大理石、花岗岩、金属不锈钢板、铝合金等材料。常用制造广告招牌的材料主要有：PC板、PVC板、KT板、热板压克力板、冷板、PS板、亚克力板、双色板、芙蓉板、铁板、铝板、不锈钢板、钛金板等。

（三）门面招牌设计要点

招牌设计还要注意在形式、用料、构图、造型、色彩等方面给人以良好的心理感受，做到容易辨识、突出识别要素、与入口呼应、与建筑风格协调、使用坚固材料，并兼顾夜晚霓虹效果。

1. 注意招牌形式设计的位置

招牌形式设计的位置有平行放置、垂直放置、纵横放置等。造型方面，独特的造型对于广告受众来说具有强烈的吸引力，达到招牌吸引顾客的目的；光照方面，绚烂多彩的光照可以给广告受众制造热闹和欢快的气氛，更具吸引力。

2. 注意招牌内容的设计

简明扼要的广告信息不但令顾客过目不忘，还能达到良好的交流目的。招牌内容要融入对顾客忠实的情感，这样顾客才会忠实于企业的品牌。

3. 招牌色彩的设计

除了注意在形式、用料、构图、造型等方面要带给顾客良好的心理感受外，色彩选择也不容忽视，顾客对招牌的识别往往是先识别色彩再识别店标、店徽的，如果在色彩设计的选择上别具一格，那么会对消费者产生很强的吸引力，当把这种设计一致推广到各个连锁分店时，更会使消费者产生认同感，从而有利于企业市场地位的提高。

> **案例 6-1**
>
> **无印良品 Muji Diner 餐堂**
>
> 2017 年 6 月 3 日，无印良品 (Muji) 上海淮海 755 店三楼的 Cafe&Meal Muji 全新改装升级为全球首家 Muji Diner 无印良品 (Muji) 餐堂。秉承"自然、当然、无印"的生活美学，无印良品 (Muji) 一直关注着人们的衣、食、住、行的方方面面，因而选择在饮食文化悠远的中国开设全球首家 Muji Diner。在 Muji Diner，无印良品 (Muji) 依然诠释"素之食"的理念，并由此衍生出 Found、"世界的家庭料理"和"医食同源"三个更丰富的内涵(见图 6-19)。
>
>
>
> 图 6-19 无印良品 Muji Diner 餐堂招牌设计（图片来源：无印良品中国官网）
>
> 不仅如此，Muji Diner 还与 Open Muji、Muji Books、Found Muji 以及 Muji 无印良品 (Muji) 的商品融合起来。Open Muji 空间将展开以饮食为主的相关活动；Muji Books 将带来以食为主题编辑的书籍；Found Muji 将呈现全球搜集而来的经典食器或关于"食"的良品(见图 6-20)。在物质富裕的时代，Muji Diner 不仅是无印良品 (Muji) 对于食生活的探索，亦是希望借由味蕾回归本真，唤起人们对生命最初真正所需的深思，同时也实践着对于环境永续再生的保护，表达着对自然的敬意。
>
> （资料来源：http://www.pclady.com.cn/sstt/172/1721748.html）

图6-20 无印良品Muji Diner餐堂相关设计（图片来源：无印良品中国官网）

第三节 环境系统

一、环境规划

环境系统是环境各要素及其相互关系的总和。对于商业和服务企业而言，环境规划具有更重要的意义，设计时应遵循以下几个原则。

（一）设计清晰的导购图

卖场内外设置醒目、清晰的导视图或服务信息示意图，如商品陈设图、指示图、标牌等，为优化视觉效果，还应配有良好的灯光系统。

（二）营造卖场环境

卖场内应设计一处或几处引人注目的重点设施，力求醒目、简洁、大方、独特，使之成为整个卖场环境的视觉中心。根据卖场定位，设计师可以考虑清洁、宁静、亲切、实用、舒适、温馨、浪漫的因素，当然不要忘了"突出商品"的宗旨，营造良好的卖场环境，让消费者置身其中感到购物是一种享受，一种消遣。JAPAN HOUSE在巴西圣保罗开幕。JAPAN HOUSE是日本外交部门的一个项目，旨在通过在全球各城市建立创意中心来加强日本在国际社会中的文化传播与理解。建筑主体由隈研吾设计，原研哉为该项目的创意总监（见图6-21）。

图6-21 JAPAN HOUSE店面识别系统设计（图片来源：原设计研究所官网）

(三)人性化设计

对于环境的规划,应充分考虑消费者需求。诸如商场、银行、书店等地方设置一定数量的座位,洗手间内设置婴儿台,卖场入口处设计残疾人通道等,都是人性化环境规划设计为企业形象加分的良策。

(四)重视门头和橱窗

门窗是企业形象的展示窗口。消费者往往也是通过门头的造型与色彩,橱窗的灯光与陈设,将不同企业加以区别和评价的。因此,要重视门头和橱窗的设计。

(五)利用室外空间

如果室内空间不够用,而近在咫尺的室外就有可供拓展的空间,不妨考虑将室外空间据为己用。需注意的是,室外的设计风格要与室内及企业整体形象一致。如图6-22所示,2017年4月音乐表演艺术中心La Seine Musicale在巴黎塞纳河的Le Seguin岛上开放。建筑师坂茂设计了该艺术中心,原设计事务所的日本设计大师原研哉则负责了该标识及导视系统。

图6-22 音乐表演艺术中心La Seine Musicale导视系统设计(图片来源:标志情报局官网)

二、企业建筑

企业建筑是企业的一部分,它不仅是企业生产、经营、管理的场所,也是企业的象征。企业建筑作为企业形象的物质载体,必然受到企业文化的影响,呈现出一定的发展变化。企业建筑的设计应提倡企业独特的风格,使企业建筑物成为构成其视觉识别应用系统的重要组成部分,成为企业的一面镜子。

(一)独特性

企业建筑形象设计应展现企业理念的独特性,必须根据企业的特点进行设计,突出企业的产品特点、生产特点、技术特点、组织管理特点以及地域性特点等。

(二)时代性

企业形象具有时代性,企业建筑形象设计也要改变传统呆板的面孔,反映出时代的特点。现代企业建筑往往采用新技术、新材料,体现出对环境的包容,并通过建筑形象体现出产品和所属行业的时代特征。

(三)整体性

企业形象的整体性反映在建筑形象上,主要表现在建筑色彩的整体性与建筑风格的统一性上。企业建筑形象对色调的确定,应当基于主要产品的色彩或该企业的行业特征上。

将企业标志的基本识别要素或主要产品形态选择应用在建筑形象设计上,能更好地突出企业形象的整体性,更有利于博得公众的认识和好感。

三、商品陈设

与其他传播媒介方式相比,商品的陈设更具有人际传播的特点。在陈设的创作中,企业不仅要将其名称、标志突出展示出来,还要借助散发宣传单、语言介绍、模型与实物展示、亲身体验、模特表演等方式,使其成为向公众传播企业信息的复合性媒介。商品的陈设具有以下几个主要特征。

(一)建设的综合性

对于陈设台和橱窗的设计,涉及许多相关的专业知识,从卖场的建筑设计、外部的环境设计,室内空间设计,到流程、道具、灯光的设计,都要求较高的建筑知识和美学知识,因而商品的建设具有较强的综合性。

(二)手段的多样性

企业在进行设计的过程中,应综合运用图形、文字、色彩、语言、灯光等多种方式,借助多种信息传播载体,向人们提供丰富多样的信息。

(三)展示的开放性

开放的展示方式能使企业人员与参观者之间进行直接交流,参观者可以进行现场咨询,企业员工也能就有关问题做出清晰的解释,从而实现企业与大众之间信息的双向交流。如图 6-23 所示为日本和丹麦建交 150 周年纪念展"每天的生活—意识之印"在金泽 21 世纪美术馆举行。由日本与丹麦的设计师、建筑家、艺术家参加的此次展览,原研哉负责了"无印良品"与"HOME"两部分的策展。此外,原设计研究所还负责了本次展览的主视觉设计与标题说明设计。

图 6-23 "每天的生活—意识之印"视觉设计(图片来源:标志情报局官网)

案例 6-2

金属彩虹里的书店——苏州钟书阁

一个地方如果没有一家书店,就算不上个地方了。钟书阁凭借着极具冲击力的视觉效果,得到了"中国最美书店"的称号。钟书阁在扬州、上海、杭州的店,包括成都新店,都是出自唯想国际的创始人、设计师李想之手。镜面天花板与当地文化元素的设计风格也已成为钟书阁的"标配"。不过,苏州的这家钟书阁换了另一位设计师,Wutopia Lab 的创始人俞挺。

事实上,俞挺早在五年前就和李想联手设计了位于泰晤士小镇的第一家钟书阁。这一次,他再度操刀的苏州钟书阁里呈现出了与前几家钟书阁不一样的面貌。苏州钟书阁占地 1380m²,总共有四个区域:新书展示区、推荐书阅读区、主图书阅览区和儿童阅读区,每个区都有着不同的风格(见图 6-24)。

图 6-24　苏州钟书阁店面设计(图片来源:设计师俞挺的官网)

比如,入口处的新书展示区用了透明的亚克力搁板放置新书,四周的墙壁皆以玻璃砖覆盖,试图营造一种漂浮的轻盈感。紧接着,推荐书阅读区又换了另一种风格。无数根光导纤维从天花板垂下,设计师试图打造一个萤火虫洞,不过这种幽暗的光线对于真正想来找书的人来说可能并不十分有利(见图 6-25)。

图 6-25　苏州钟书阁店内一、二区设计(图片来源:设计师俞挺的官网)

第三个区域是最为核心的主图书阅览区,书店的收银台和咖啡吧也设置在这里。沿着落地窗设计了一排阅读区,主要图书区包括艺术设计、进口原版书籍等。相比幽暗的虫洞,这个阅览区似乎要明亮得多。以悬崖、山谷、激流、浅滩、岛屿为形象,创造出书台、书架和台阶。带有花瓣图案的穿孔铝板从天花板延伸下来,自然形成了阅读区的隔断,整个空间渐变的彩虹色足以吸引眼球,却也给人带来眼花缭乱之感。位于书店尽头的是一个儿童阅读区。它是一个加了 ETFE 膜外墙的半透明椭圆形小屋,书架沿着内墙搭建,一些多彩的小房子穿插其中(见图 6-26)。

案例解析:

"书店要与社会环境有呼应,它毕竟是一家书店,不是一家餐厅。"苏州钟书阁

图6-26　苏州钟书阁店内三、四区设计（图片来源：设计师俞挺的官网）

利用彩虹创造出了空间的独立性。彩虹落地形成的垂直曲线隔断和直线的建筑气候边界之间形成了不同层次、不同尺度、不同动静的读书空间，有俯瞰街头的一个人的阅读角；也有开放交流的多人场所，藏着供孩子们私密阅读的帐篷。而两个界面之间的空间便是钟书阁和外部世界保持独立性的分水岭。钟书阁没有去创造所谓高高在上的"格调"，也不去创造文艺青年的小圈子，它是以宽广的心态去接纳不同的人，用自己的情感去表达设计。

（资料来源：http://www.gooood.hk/metal-rainbow-by-wutopia-lab.htm）

第四节　包 装 系 统

从企业CI战略的角度来看，商品包装是视觉识别应用的一个重要内容，具有广泛的影响力。它是结合现代设计观念与企业经营理念的整体运作，通过塑造商品的个性和形象，从而树立良好的品牌形象和企业形象，以此来提高商品的个性和品位，提高商品的价值，扩大商品的市场占有率。

> **扩展阅读**
>
> **产品包装的定义**
>
> 产品包装原指给生产的产品进行装箱、装盒、装袋、包裹、捆扎。现在，很多人已经把它看成一种营销手段、名牌战略，在营销战略中也占有一席之地。产品包装，是消费者对产品的视觉体验，是产品个性的直接和主要传递者，是企业形象定位的直接表现。好的包装设计是企业创造利润的重要手段之一。
>
> 策略定位准确、符合消费者心理的包装系统识别设计，能够帮助企业在众多竞争品牌中脱颖而出，使公司赢得了"可靠"的声誉。因此，商品包装的识别系统，除了要准确地表现产品的定位、消费对象定位、市场定位以外，从企业信息传达的角度来说，必须服从统一的、整体的传达。注意企业视觉识别要素在商品包装上的应用，使消费者认同商品形象的同时，在不知不觉中产生对企业形象的认同。
>
> （资料来源：http://www.sohu.com/a/195173441_718981）

一、包装的分类

(一)按商业经营方式

包装可分为内销产品包装、出口产品包装。内销产品包装的主要销售目标是国内消费者;出口产品包装的主要销售目标是国外消费者。

(二)按流通领域中的作用分类

按流通领域中的作用,包装可分为个体包装、内包装、中包装和外包装。

1. 个体包装

个体包装又称为商品包装,是市场销售最小的包装单位,即将产品装于包裹、袋子或容器等。

2. 内包装

内包装是指直接接触商品,并随商品进入零售网点,直接与消费者见面的包装。

3. 中包装

中包装指容纳了多个内包装的中性包装单位,进入零售网点,和消费者或用户直接见面的包装,主要用于销售环节,它具有防止商品受外力挤压、撞击而发生损坏或受外界环境影响而发生受潮、发霉、腐蚀等变质的作用。以满足销售需要为目的,起着保护、美化、宣传商品、促进销售和方便使用等作用。

4. 外包装

外包装用于商品储运流通环节的包装,通常容纳了多个内包装或中包装。包装材料选用符合经济、安全的要求;包装重量、尺寸、标志、形式等应符合国际与国家标准,便于搬运与装卸;能减轻工人劳动强度、使操作安全便利;符合环保要求。图6-27所示为健力宝公司32年来全新包装设计和2020年健力宝再次更新的包装设计。

图6-27 健力宝公司32年来全新包装设计(图片来源:标志情报局网站)

(三)按包装材料分类

按包装材料,包装可分为纸包装、塑料包装、金属包装、玻璃包装、木制包装,以及由麻、布、竹、藤、草类制成的其他材料的包装。不同的材料使包装产生的视觉效果不同。不同商品也需要采用不同的材料进行包装设计,以便在储运和销售时使产品更安全、更美观。

(四)按产品种类分类

按照产品种类,包装可分为食品包装、药品包装、机电产品包装、危险品包装等。这类产品的包装根据不同商品和行业的特点,采用的包装形式也不尽相同,有的侧重于绿色消费,有的侧重于安全和仓储运输,但无论哪种包装形式都要体现出包装的功能。

(五) 按包装功能分类

包装可分为运输包装、销售包装、礼品包装和集装化包装等。运输包装,是以保护物品安全流通、方便储运为主要功能的包装;销售包装,直接进入商店陈列销售,与产品一起到达消费者手中;礼品包装,是为了馈赠亲友礼物以表达情意而配备的实用包装;集装化包装也称集合包装,是为了适应现代机械自动化装运,将若干包装件或物品集中装在一起以形成一个大型搬运单位的巨型包装。

二、包装设计的功能

商品的包装被称为"无言的推销员",是品牌视觉形象设计的一个重要部分。一项市场调查表明:家庭主妇到超级市场购物时,由于精美包装的吸引而购买的商品通常超过预算的45%左右,足见包装的魅力之大。产品包装设计已成为现代商品生产和营销中最重要的环节之一,它具有以下功能。

(一) 识别功能

无须销售人员的介绍或示范,顾客只凭包装画面文图的"自我介绍"就可以了解商品,从而决定购买。识别功能是社会、市场在商业经济化的过程中衍生出来的功能,产品包装的好坏直接影响着产品的销售。通过包装的图文说明,引导消费者正确地消费产品,同时体现特定商品的文化品位,给人以愉悦的感受,创造附加值。

(二) 保护功能

保护功能包括防潮、防霉、防蛀、防震、防漏、防碎、防挤压等。这是包装设计最基础、最基本的功能。包装设计的其他功能都是要在保护功能实现的前提下才能继续进行。保护功能是指保护内容物,使之不受外来冲击,防止因光照、湿气等造成内容物的损伤或变质。包装的结构、材料与包装的保护功能有着直接的联系。

(三) 流通功能

流通功能包括要方便商店陈列、销售,方便顾客携带、使用等,产品包装应配合企业施行这一过程。好的包装应能方便搬运,利于运输,在仓储时能够牢固地存放。即便于搬运装卸;方便生产加工、周转、装入、封合、贴标、堆码等;方便仓储保管与货物、商品信息识别;方便商店货架陈列展示与销售;方便消费者携带、开启、方便消费应用;方便包装废弃物的分类回收处理。

三、包装识别系统设计要点

产品包装设计应从商标、图案、色彩、造型、材料等构成要素入手,在考虑商品特性的基础上,遵循品牌设计的基本原则。包装设计中的商品图片、文字和背景的配置,必须以吸引消费者注意为中心,直接推销品牌为重心。设计要遵循以下设计要点。

(一) 形式与内容统一

要表里如一,具体鲜明,一看包装便知晓该商品本身。

(二) 要充分展示商品

主要采取两种方式,一是用形象逼真的彩色照片表现,真实地再现商品。这在食品包装中最为流行,如巧克力、糖果、食品罐头等,逼真的彩色照片将色、味、形表现得令人垂涎欲滴。二是直接展示商品本身。全透明包装、开天窗包装在食品、纺织品、轻工产品中非常流行。

(三) 要有具体详尽的文字说明

在包装设计上还要有关于产品的原料、配制、功效、使用和养护等的具体说明,必要时还应配上简洁的示意图。

(四) 要强调商品形象色

不只是透明包装或用彩色照片充分表现商品本身的固有色,而是更多地使用体现大类商品的形象色调,使消费者产生相似的认知反应,快速地凭色彩确知包装物的内容。

第五节　服装、服饰系统

统一员工的服装、服饰,可以使企业在形象上具有强烈的整体感。可根据员工职位、工作种类,设计与规范员工服装、服饰用品,使之整齐有序。整洁、美观、富有个性的服装、服饰,能够让员工体验到强大的凝聚力和归属感,益于培养团队精神与奉献精神,也是对于员工在行为与礼仪上的一种约束。

一、服装、服饰系统分类

服装、服饰系统包括经理制服、管理人员制服、员工制服、礼仪制服、文化衫、领带、工作帽、纽扣、肩章、胸卡等内容。

(一) 办公服

办公服属于企业行政管理人员的统一工装,集端庄与简约、时尚与实用于一体,强调服装与工作环境相协调,与工作性质相适应,与穿着者的气质和外在形象相统一,表现出着装者的工作能力和敬业精神。同时,办公服可以有效统一公司形象,实现企业文化标准化展示,是企业特征品质的良好体现。办公服有一定的严肃性和庄重感,色彩不能过分华丽、耀眼;不能过分强调装饰、点缀;裙子不要过短,上衣不能过紧,领口不能过低,背部不能太露,开叉不能过高。包括男士西服套装、领带,夏季西裤、衬衫、领带;女式西服套裙、领结,夏季上装为衬衫、领结。领带、领结尽量选用 VI 标准色或辅助色。对于文化性很强的企业,可以考虑选用有一定民族特色的办公服。图 6-28 所示为羽田机场国内线第 1、第 2 航站楼的两处付费候机休息室办公服设计。

(二) 工装

工装是为工作需要而特制的服装。在设计上,根据企业 VI 设计要求,结合职业特征、团队文化、年龄结构、体型特征、穿着习惯等,从服装的色彩、面料、款式、造型、搭配等多方面考虑,提供最佳设计方案,为企业员工打造富于内涵及品位的全新职业形象。车间的工人、商店里的销售员、酒店里的服务员、建筑工人,他们所处的环境和作业内容大不相同。根据工种类别,工装的面料和设计会有很大不同。

工装的设计首先要考虑穿着者便于操作、安全、耐脏、耐摩擦。除此之外,为了强化企业

图 6-28 羽田机场国内线付费候机休息室员工服装设计（图片来源：原设计研究所官网）

形象，工装的设计还要突出企业个性、行业特征，色彩选择优先考虑企业标准色、辅助色，设计一般要有企业标识、标准字，可以丝网印刷，也可以考虑机绣。图 6-29 所示为 Glace 冰激凌品牌设计员工服装。Glace 冰激凌店位于美国堪萨斯州。Nathaniel Cooper 设计公司为该店做了一整套的品牌形象设计。从 Logo 到广告，从店面装修到盒子包装，做足了每一个细节。整体设计运用了干净清爽的蓝色，搭配如冰激凌一般纯洁的白色，点缀犹如巧克力一样诱人的咖啡色，使得整套设计清爽、洁净又不失甜美。

图 6-29 Glace 冰激凌品牌设计员工服装（图片来源：平面设计官网）

（三）饰物

饰物包括帽子、领带、领结、丝巾、领带夹、腰带、包、雨伞等。饰物大小不一，材料各异，设计时要根据实际情况选用不同的 VI 视觉要素。如领带、领结、丝巾等多以企业标识、辅助图形做装饰；帽子常用标志、标准字装饰；而领带夹、腰带扣由于设计面积小，通常只选用企业标志。图 6-30 所示为 SODA Bloc 品牌服装衣标设计。

图 6-30 SODA Bloc 品牌服装衣标设计（图片来源：平面设计官网）

二、服装、服饰系统设计原则

企业员工的服装和服饰是企业 VI 设计的重要媒介,具有传达企业经营理念、行业特点、工作风范、整体精神面貌的重要作用。企业对于员工服装的统一规定,能使员工将自己和企业紧密结合在一起。员工服装和服饰的设计,是对企业员工的形象设计,也是对企业品牌形象的设计。企业员工的服装和服饰的设计开发要遵循以下原则。

1. 适用性原则

首先要考虑员工的岗位,如生产车间的制服,要求穿着舒服的同时也要耐脏易洗、方便作业;服务岗位的服装,应该设计得体面、大方,并且具有一定的特色,一般女士应为套裙,男士应为西装等。同时也要考虑季节因素,应设计多套服装。

2. 基于企业理念的原则

服装的设计应体现企业特色,表现出企业的形象,是现代的还是传统的,是创新开拓还是温和亲切,要表现出医院、邮电、学校、宾馆、商业等不同的行业属性。

3. 整体统一的原则

要考虑视觉效果,通过色彩、标志、图案、领带、衣扣、帽子、鞋子、手套等表现出整体统一的视觉形象。员工服装可以与视觉基本要素保持整体风格一致,将企业的标准字做成工作牌或者徽标或直接绣在制服上,并以标准色作为制服的主要色调,以其他不同的颜色区分不同的岗位性质。这样企业员工的服装便能整体体现企业的视觉形象,从而成为企业传播文化的窗口之一。

第六节 交通系统

当企业、组织机构具有一定规模时,都会有自己的交通工具。不同的使用要求,使不同的企业组织机构具有不同的车型。例如,学校、旅行社、机场、社区等大型团体需要有大型客车,而中小型企业、贸易公司等只需要小型客车或商务车;物流公司需要大型货车,而中小型企业、商家只需要小型货车。因此,在进行交通工具外观设计前,需要针对客户的现状与将来的发展,有选择性地进行设计。

一、交通工具外观的设计原则

交通工具的活动范围较广,因此,借助交通工具外观进行品牌识别 VI 设计,对品牌信息的传播起着快速、有效的作用。在交通工具外观设计中,要注意车体的结构与方向,避免在车窗、车门打开时产生不好的形象,避免在车辆行驶方向与图形方向相反时产生视觉不适。

(一)识别度高

由于交通工具的快速流动性,信息在人们视线中短暂停留,因此在设计中信息不宜过多,以简洁、醒目为好。尤其是交通工具上编排的文字信息,应确保在相对正常的读取距离内进行识别。过小或过繁的细节设计意义都不大,应尽量避免。在设计中还要注意线条、图案的明快、大方,能迅速引起行人的注意力,同时应将品牌或企业名称置于醒目位置。

（二）整体化包装

交通工具是活动的广告媒体，投资小，但收效显著。尤其对于运输型企业，交通工具的外观设计是企业对外传播的首要载体。比如联邦快递公司旗下的各类运输工具，大到飞机、小到摩托车的车身设计，形成了颇具规模的整体化包装，企业形象深入人心。图 6-31 所示为联邦快递交通工具识别设计。

图 6-31　联邦快递交通工具识别系统（图片来源：联邦快递官网）

二、交通工具设计原则

（一）统一性原则

各类交通工具在进行 VI 设计中的视觉设计时，应力求总体风格的统一性。统一的风格涉及基本要素的选择和设计，如设置的位置以及企业标志、企业标准色、专用图案、企业造型、象征图案的大小、组织搭配、色彩（标准色）面积、形状等诸多因素。既要具有视觉上的冲击力，又要与企业的风格相一致，还要注意各种交通工具在视觉设计风格上的统一性，如侧面车体统一安排企业标志、企业标准字和象征图案的组合，后面车体安排企业标志，车顶安排象征图案。既要有相对完整的主视面，又要有典型特征，有明显的视觉重心。

（二）多样性原则

由于交通工具的形体、大小、造型不同，并有多种使用的场合和对象。因此，在设计上应注意在统一形象的前提下考虑交通工具本身的情况。如小车一般是由企业的管理人员或主要领导使用，但作为企业的传播媒体，当然要在小车上安排企业的视觉要素，但不能和大型的货车采用相同的设计手法，应设计得简洁、精致、高雅，符合小车的固有特性。大型的交通工具在使用视觉要素的同时，必须考虑中远距离的视觉效果，既要有较强的视觉冲击力，又要大方、得体、耐看，还要适合交通工具的外形尺寸、结构和造型。

（三）识别性原则

为了正确传达企业的信息，首先要选择企业主要的基本视觉要素作为设计传播的主题。充分利用交通工具的每一个可以利用的视面，多角度地考虑视觉要素的应用、组合。抓住主视面的主体性因素，安排企业的主要信息，如企业的标志、标准字、企业象征物的组合设计。还要根据交通工具的活动时间、地点和服务方式来进行识别性设计。识别性是指在统一前提下的个性特征，而统一性则体现在识别性当中。

案例 6-3　圆通速递整体形象设计升级

上海圆通速递有限公司,成立于2000年5月28日。经过17年的精心打造,现已成为集速递、物流、电子商务为一体的大型民营企业。公司总部位于上海市青浦区华新镇。数年来,公司业务迅速发展,网络覆盖中国各个城市。2018年1月7日,圆通速递在上海举行了新标发布会,并且发布了全新的品牌形象。多元的产业化板块以及形成众多业务单元,原有单一的视觉形象体系无法系统性、拓展性表达圆通企业的管理及理念,为了更好地进行业务拓展和加快国际化进程,圆通需要一个适合的品牌视觉,从而建立起从产业管理到业务管理的品牌战略。

新的标志从形态及含义上诠释出"圆"和"通"的概念。"圆"作为标志的主要视觉基调,体现出集团产业融通及布局全球的决心。将英文字母"YT"与图形符号奔跑的人联动贯通,传递出互联互通,链接世界的含义。同时"YT"字母的倾斜,突显出速度性与时效性,表达出企业从创造到引领,从超越到突破,始终坚持以人为本,服务为人的发展理念(见图6-32)。

图6-32　圆通速递新旧标识对比(图片来源:圆通速递官网)

色彩上沿用紫色和橙红的基调,以不同的配色和英文注释构建品牌的系列语言,体现集团在产业板块及业务板块的拓展性,为客户提供一体化的综合物流服务,彰显互联网技术下快递业务的平台化、系统化及多元化,标志着圆通建立起"一核多元"的品牌新战略,构建起中国物流未来新格局(见图6-33)。

(资料来源:https://www.logonews.cn/yto-new-logo.html)

图6-33　圆通速递交通应用系统(图片来源:圆通速递官网)

第六章　企业形象设计的应用系统

第七节 展示系统

展示形象系统的营造是一项全面的系统工程，它既体现在企业物质文化环境建设上，也反映在企业精神文化环境建设中，因而需要全面合理的规划和安排。从物质文化层面看，设计时可从企业标志、标准字、标准色等企业识别基本视觉要素和商品的视觉要素中选择定位进行创意并同时传播。若将经营理念、技术水平、服务质量等有机结合，则能取得更加高效的传播效果，从而使 CIS 实施获得成功。

一、卖场的视觉识别设计

卖场是企业形象设计识别与传播的重要途径，对其进行系统设计尤为重要。如果没有统一的卖场识别规范，就会浪费企业资源，使大众无法识别和了解企业，同时不利于加盟商的信任和发展。企业对卖场必须要有严格的规范，店面、店门、橱窗、营业厅、货架，甚至价签等，以及其色彩、照明都必须有明确的规范，这样才能使众多的卖场形成整体。尤其是经营高档次商品的卖场，用料与制作施工都要深入考究，而经营便利商品的卖场则没有必要装饰得华丽，需要在空间整体上创造出使顾客产生亲切、简洁、明快的感觉。

如图 6-34 所示，想必大家对喜茶并不陌生，从"网红"奶茶到今天的知名品牌，喜茶只用了短短几年的时间。喜茶店铺全部符合简约风格，不管是室内环境还是招牌，非常符合年轻人的审美观。

图 6-34　喜茶店面设计色彩运用（图片来源：喜茶 HEYTEA 官网）

（一）卖场色彩设计要点

1. 合理的产品分类布局

每个品牌根据其品牌特点、销售方式、消费群体的不同，对卖场中的产品都有特定的分类方式，卖场的商品通常按系列、按类别、按对象、按原料、按用途、按价格、按尺寸等几种方法分类。不同的分类方式，在色彩规划上采用的手法也略有不同。因此，在做色彩规划之前，一定要搞清楚该品牌的分类方法，然后再根据其特点有针对性地进行不同的色彩规划。

2. 把握卖场的色彩平衡感

卖场陈列面的总体规划，一般要从色彩的一些特性进行规划，如根据色彩明度的原理。将明度高的系列产品放在卖场的前部；明度低的系列产品放在卖场的后部，这样可以增加卖场的空间感。对于同时有冷暖色、中性色系列产品的卖场,一般是将冷暖色分开,分别放在左右两侧,面对顾客的陈列面可以放中性色,或对比度较弱的色彩系列。

3. 制造卖场色彩的节奏感

卖场节奏感的制造通常可以通过改变色彩的搭配方式来实现。卖场色彩的陈列方式有很多,这些陈列方式都是根据色彩的基本原理,再结合实际操作要求变化而形成的。主要是将各式各样的色彩根据色彩的规律进行规整和统一,使之变得有序列,使卖场的主次分明,易于消费者识别和挑选。我们在掌握了色彩的基本原理之后,根据实际经验还可以创造出更多的陈列方式。

(二)卖场照明设计要点

灯光最基本的用途是提供照明,使人能够看清所处环境和周围物体。在商业空间设计的领域里,灯光的设计与运用早已超越了环境照明的基本功能,由最初的实用功能走向了复合的美学层面,并被企业文化赋予了众多附加价值。照明设计除了讲究灯具本身的设计外,光线与空间环境的配合,所产生的对人类心情和情绪的影响,如今被运用到广泛的企业形象设计中。

1. 创造光的氛围

在企业卖场设计中,顾客的注意力更容易被光效氛围好的区域所吸引。因此,精心设计的照明可以为顾客创造一种舒适愉悦的氛围,从而使顾客产生极为舒适的心境和情愫。货物区有效的照明主要是使客户感到舒适从而愿意继续购买。独特新颖的灯具设计更加突出卖场内部的设计,同时也加深了整体照明印象。

2. 店门(入口处)的照明

如果卖场入口处照明设计独特,将会创造一种氛围,使顾客在远处便可以为其所吸引。因为店门展示是给消费者留下的第一印象,除了要传递商店的品牌特征之外,还要求能从周围环境中脱颖而出。尤其是在灯火辉煌的大道上,如果卖场自身位置不突出,可以为这些店的入口处做特别的高亮度设计,使它们从背景的阴影中脱颖而出,引起路人的注意和留恋。

3. 橱窗设计醒目

橱窗是每个零售商的脸面。高亮度的橱窗照明保证了卖场橱窗及橱窗所展示的商品能够得到应有的关注和注意。巧妙的、成功的照明技术在于它能从远处引起路人的注意和使店铺显得更突出。即使是在白天,也要力争做到这种效果。这是每个店铺橱窗展示的核心之所在,图 6-35 所示为耐克橱窗展厅设计。

4. 清晰可见的收银处照明

良好的照明技术使收银员可以连续几小时集中注意力工作而不感到疲倦。好的照明还可以保证使顾客清晰地看清楚收、付款和买卖单据的内容。另外,为了适应目前全球节能减排的要求,在整体的卖场照明中,除考虑以上各部分的照明特殊要素外,节能乃是重中之重,因此在整体的照明设计中,还要考虑使用更新的、更亮的、更节能的新技术,来满足卖场照明设计的根本需要。

(三)橱窗设计要点

橱窗是卖场中有机的组成部分,它不是孤立的。在构思橱窗的设计思路前必须要把橱窗放在一个卖场中去考虑。橱窗的主题一定要鲜明,要用最简洁的陈列方式告知顾客想要表达的主题。值得注意的是,现代橱窗陈列的布置更加强调其立体空间感和空间布置的肌

图 6-35　耐克橱窗展厅设计（图片来源：耐克官网）

理对比。另外，装饰物、背景和橱窗底面的材料也应充分讲求与广告商品的肌理对比。

另外，橱窗的观看对象是顾客，我们必须要从顾客的角度去设计规划橱窗里的每一个细节。还有一些橱窗陈列设计利用滚动、旋转、振动的道具，给静止的橱窗布置增加了动感，或者利用大型彩色胶片制成灯箱，制作一种新颖的画面等。总之，现代橱窗设计制作随着科学的发展，设置思想的更新，从形式、内容等方面不断充实，其醒目程度也日益提高。

二、展览设计

展览设计是一门综合艺术设计，它的主体为商品。展览空间是伴随着人类社会政治、经济的阶段性发展逐渐形成的。在既定的时间和空间范围内，运用艺术设计语言，通过对空间与平面的精心创造，使其产生独特的空间范围，不仅含有解释展品宣传主题的意图，并使观众能参与其中，达到完美沟通的目的，这样的空间形式，一般称为展示空间。对展示空间的创作过程，称为展示设计。

展览设计是商业活动中常用的一种形式，较其他促销手段有着高效、直接的特点。通过展会为企业寻找客户的费用只占一般渠道寻找客户费用的 15%，所以展会可以以较少的资金为企业获得巨大的商机。图 6-36 所示为大众 VOLKSWAGEN HOME 概念展厅设计。

图 6-36　大众 VOLKSWAGEN HOME 概念展厅设计（图片来源：展示设计网站）

（一）展览活动的类别

随着社会的发展、展示主题的不断丰富、展示功能的多元化和展示形式的多样性以及高科技展示手段的综合运用，展示设计所涉及的范围日趋广泛。除了人们普遍认为的展览会，以及一些常见的展示空间设计外，还包括商业环境设计、博物馆展示设计、演示空间设计、旅游环境设计、庆典礼仪环境设计、广告设计等。展示设计已成为一个综合性的边缘学科。展示领域广泛，分类方法也有所不同。

1. 按展览内容分

包括综合型展览、专业型展览、展览与会议结合型展览、经贸展览、命题性展览、人文自然展览。

2. 按展览手段分

包括实物展、图片展、综合性展。

3. 按参展者地域划分

包括地方性展、全国性展、地域性展、国际性展。

4. 按展览规模分

包括巨型展览或大型展览、中型展览、小型展览或微型展览，国际级、国家级、省部级、地方级等展览。

5. 按展览时间分

包括固定的长期性陈列、短期的临时性陈列、定期持续展出、不定期展出。

6. 按活动方式方法分

包括固定展示、流动展示、巡回展示、可以组装的展示等。

7. 按展示的形式类别分

包括博览会、博物馆陈列、橱窗展示、名胜古迹展示、商业展示、旅游景点展示等。

（二）商业环境展示设计要点

商业展示是展览设计的一个重要组成部分。商业环境设计是包括各类商场、商店、饭店、宾馆、酒吧、画廊等商业销售空间和服务空间的展示设计工作。通过对展示空间进行设计和规划，综合展示道具及照明、色彩的设计，达到突出商品、传递商品信息、促进商品销售、取得经济效益的目的。

1. 良好环境的烘托

一个好的商业展示设计应该具有良好的环境，给顾客带来舒适感并使之留恋。在室内装修设计中，要选择适宜的材料、工艺和形式，在保持整体风格的同时注重软装饰的协调和统一，才能够营造出温馨的环境。

2. 道具陈设突出商品

各类商店的主要功能是展示和销售商品。各种陈列道具的造型、色彩和尺度应与室内空间装修协调，利于突出商品特征、便于顾客购买。

3. 色彩鲜明，主题突出

各界面的色彩处理应利于突出主题，照明设置要有主次，避免眩光，照明的光色、照度、投光角度也应有助于突出商品主题、便于顾客挑选。

4. 辅助宣传要到位

广告招贴设计应醒目、协调，有利于展示商品、便于导购；店面橱窗设计要新颖独特，既能吸引消费者，又能与店面整体展示环境相协调。

5. 安全照明系统指示清晰

在安全方面，要考虑防火、防震、防潮和防盗等问题；要将交通标志、方向标牌、安全出口、各楼层的功能分区和平面图设计得突出、醒目；室内空间应有独立的"事故安全照明系统"；空间规划及人流动线布置合理，避免人流的大量交叉造成堵塞现象。

（三）展览设计的效果图

展览馆设计是一项强调空间环境和道具形式相互完美配合的工作，它是一种空间形态的构成。展示环境分为室内空间和室外空间。室内空间是以展品本位为出发点，在展示道具形式作用下的空间形态。一个展厅设计得成功与否，其关键就在于能否吸引观众特别是专业观众的目光，使他们对所展示的内容感兴趣，优秀的展厅设计讲求的是要有很强的视觉吸引力和视觉冲击力，这样才会引起观众对展厅产生的兴趣，并直接加深对参展企业的记忆度和识别度。

1. 整体效果图

整体效果图是指能够把整个展区或展馆的环境、空间、色彩、道具、展品陈列，以及具有的规模、区域关系、形态关系、色彩关系等信息表达出来的图纸。图 6-37 所示为 LG 展台设计效果图。

图 6-37　LG 展台设计效果图（图片来源：展示设计官网）

2. 局部效果图

局部效果图是指展示场馆、展台的局部效果表达。图 6-38 所示为展厅局部效果图。

图 6-38　展厅局部效果图（图片来源：展示设计官网）

第八节　广告媒体系统

企业 VI 设计涵盖的范围很多,其中广告宣传类是直接与 VI 设计同属于营销系统的策略。高端 VI 设计广告类包含公司指南、内部刊物、企业形象广告、产品广告以及产品目录、宣传纸袋等,还有一些促销工具都属于广告宣传类。广告宣传是推广企业视觉形象最直接、最重要的部分,也是工作量较大、变化较多的一部分内容。大量的宣传资料并不是在 VI 设计之初就能够完成的。而是在具体的广告活动中,对宣传资料有针对性地进行设计,并努力去反映具体的广告主题。

一、平面广告

平面类广告主要有招贴广告、报纸广告、杂志广告以及 POP 广告等形式。其中,招贴广告与杂志广告印刷效果较为模糊,报纸广告效果相对略显逊色。在设计时,应根据具体情况选择合适的形式进行设计制作。

(一) 招贴广告

招贴按其字义解释,"招"是指引注意,"贴"是张贴,即为"招引注意而进行张贴"。招贴的英文名字叫"poster",在牛津英语词典里意指展示于公共场所的告示(placard displayed in a public place)。在伦敦"国际教科书出版公司"出版的广告词典里,poster 意指张贴于纸板、墙、大木板或车辆上的印刷广告,或以其他方式展示的印刷广告,它是户外广告的主要形式,广告的最古老形式之一。也有人根据 poster 的词根结构及典故来剖析招贴的词义,认为 poster 是从"post"转用而来,"post"词义为柱子,故 poster 是指所有张贴于柱子上的告示。

1. 招贴广告的分类

印刷招贴可分为公共招贴和商业招贴两大类。公共招贴以社会公益性问题为题材,例如纳税、戒烟、优生、竞选、献血、交通安全、环境保护、和平、文体活动宣传等;商业招贴则以促销商品、满足消费者需要之内容为题材,特别是市场经济的出现和发展,商业招贴也越来越重要,越来越被广泛地应用。

如图 6-39 所示为"饿了么"招贴广告,"饿了么"创立于 2009 年 4 月,是一家在线餐饮 O2O 平台。截至 2017 年 6 月,在线外卖业务覆盖全国 2000 多个城市,加盟餐厅数共计 130 万家,日均订单超过 1000 万单。2016 年,饿了么宣布前美国职业篮球运动员科比·布莱恩特与王祖蓝一起成为品牌代言人,而其具体代言费则未透露。同时,会上"饿了么"公司方还宣布"准时达"业务上线,平均送餐时间缩短为 30 分钟,超时即可获赔。

2. 招贴广告的尺寸

美国最常用的招贴尺寸有四种:1 张一幅(508mm×762mm)、3 张一幅、24 张一幅和 30 张一幅,其中最常用的是 24 张一幅,属巨幅招贴画,一般贴在人行道旁行人必经之处和售货地点。在国外,按英制标准,招贴中最基本的尺寸是 30in×20in(508mm×762mm),相当于国内对开纸大小。依照这一基本标准尺寸,又发展出其他标准尺寸:30in×40in、60in×40in、60in×120in、10in×6.8in 和 10in×20in。大尺寸是由多张纸拼贴而成,例如最

图6-39 "饿了么"招贴广告欣赏（图片来源：LOGONEWS.新闻官网）

大标准尺寸 10ft×20ft 是由 48 张 30in×20in 的纸拼贴而成的，相当于我国 24 张全开纸大小。

专门吸引步行者看的招贴广告一般贴在商业区公共汽车候车亭和高速公路区域，并以 60in×40in 大小的招贴为多。而设在公共信息墙和广告信息场所的招贴（如伦敦地铁车站的墙上）以 30in×20in 的招贴和 30in×40in 的招贴为多。

扩展阅读

招贴的诠释

招贴多数是用制版印刷方式制成，供在公共场所和商店内外张贴。当然，也有一些出于临时性目的的招贴，不用印刷，只以手绘完成，此类招贴属于 POP 性质，如商品临时降价优惠，通知展销会、交易会、时装表演或食品品尝会的时间、地点等。这种即兴手绘式招贴，有时用即时贴代替，大多以手绘美术字为主，有时兼有插图，且较随意、快捷，它不及印刷招贴构图严谨。优点是：传播信息及时，成本费用低，制作简便。

（资料来源：http://www.zhazhi.com/lunwen/whls/zgctwh/143807.html）

3. 招贴广告的功能及特征

（1）信息传播面广

传播信息是招贴最基本、最重要的功能，无论是商业招贴，还是公益类招贴都充当传递信息的角色，张贴面广容易引起注意。特别是商业招贴，它可以对商品的规格、性能、质地、成分、技术、特点、质量、服务等进行详细介绍，甚至当企业、产品或服务有所变化时，也可以通过招贴进行通报。

（2）有利于视觉形象传达

竞争作为市场经济的一个重要特征，对于企业来说是一种挑战，也是一种动力。当今企业与企业之间的竞争，主要表现在两个方面，其一是产品内在质量的竞争，其二就是广告宣传方面的竞争。随着科技水平的不断提高，产品与产品的内在质量差异性将越来越小。相对而言，各企业将越来越重视广告宣传方面的竞争。招贴作为广告宣传的一种有效媒体，可以用来树立企业的良好视觉形象，提高产品的知名度，开拓市场，促进销售，利于竞争。

（3）审美作用

招贴直接为实用功能服务时，在根本上依赖于使用价值。但是，招贴又不是商品本身，它的观念价值大于物质价值。在表现形式上,介于应用艺术和纯粹艺术之间,能借助纯粹艺术的表现手段塑造形象,在表现广告主题的深度和增加艺术魅力、审美效果方面十分出色。

(4) 刺激需求

招贴作为一种"说服"的形式,绝不能以某种强制性的理性说教来对待读者,而应首先使读者感到愉悦,继之让读者经诱导而接受招贴宣传的意向。所以,现代招贴都极讲究审美效果。具体来说,招贴的审美作用表现在三方面:首先,招贴的形式生动活泼,往往图文并茂,消费者易被引起注意。其次,招贴广告语经艺术处理,一般言简意明,因而易于记忆,易于形成牢固印象。最后,招贴在发挥其应有说服力功能时,通常是以软性感化的方式来进行的,而不是用强行灌输的方式来进行。从而在心理上,消费者易被其意念同化。

(二) 报纸广告

报纸广告(newspaper advertising)是指刊登在报纸上的广告。报纸是一种印刷媒介(print-medium)。它的特点是发行频率高、发行量大、信息传递快,因此报纸广告可及时广泛发布。报纸广告以文字和图画为主要视觉刺激,不像其他广告媒介,如电视广告等受到时间的限制。而且报纸可以反复阅读,便于保存。根据版面需要,可以选择报花广告、报眼广告、通栏广告(横通栏、竖通栏、半通栏)、1/8版广告、1/4版广告、半版广告、整版广告、跨版广告的不同形式发布广告。图6-40所示为金立手机明星代言报纸广告展示。

图6-40　金立手机明星代言广告展示(图片来源:金立手机官网)

报纸作为综合性内容的媒介,以文字符号为主、图片为辅来传递信息,其容量较大。由于以文字为主,因此说明性很强,可以详尽地描述,对于一些关心度较高的产品来说,利用报纸的说明性可详细告知消费者有关产品的特点。设计时每次仅可表现一个主题,做到形式突出,视觉冲击力强。为了保证印刷质量,建议采用网点粗一些的表现方法,取得黑白分明的视觉效果。大多数报纸历史长久,且由党政机关部门主办,在群众中素有影响和威信。因此,在报纸上刊登的广告往往使消费者产生信任感。设计时应遵循单纯、注目、焦点、循序、关联的设计原则,做到既引人注目又富于美感,让读者赏心悦目,轻松愉快地接受广告信息。

(三) 杂志广告

杂志广告(magazine advertising)指刊登在杂志上的广告。杂志可分为专业性杂志(professional magazine)、行业性杂志(trade magazine)、消费者杂志(consumer magazine)等。由于各类杂志读者比较明确,是各类专业商品广告的良好媒介。刊登在封二、封三、封四和中间双面的杂志广告一般用彩色印刷,纸质也较好,因此表现力较强,是报纸广告难以比拟的。杂志广告还可以用较多的篇幅来传递关于商品的详尽信息,既利于消费者理解和记忆,又有更高的保存价值。杂志广告的缺点是:影响范围较窄。因杂志出版周期长,经济信息不易及时传递。

1. 保存周期长

杂志是除了书以外,具有比报纸和其他印刷品更具持久优越的可保存性产品。杂志的长篇文章多,读者不仅阅读仔细,并且往往可分多次阅读。这样,杂志广告与读者接触的次数也多。保存周期长,有利于广告长时间地发挥作用。同时,杂志的传阅率也比报纸高,这是杂志的优势所在。

2. 有明确的读者对象

专业性杂志由于具有固定的读者群,可以使广告宣传深入某一专业行业。杂志种类繁多,从出版时间上看,有周刊、旬刊、半月刊、双月刊、季刊;从内容上看,有政治、军事、娱乐、文化、经济、生活、教育等。专业性杂志针对不同的读者对象,安排相应的阅读内容,因而就能受到不同读者对象的欢迎。因此,对特定消费阶层的商品而言,在专业杂志上做广告具有突出的针对性,适于广告对象的理解力,能产生深入的宣传效果,而很少有广告浪费。从广告传播上来说,这种特点有利于明确传播对象,广告可以有的放矢。

3. 印刷精致

杂志的出品编辑精细,印刷精美。杂志的封面、封底常彩色印刷,图文并茂。同时,由于杂志应用优良的印刷技术进行印刷,用纸也讲究,一般为高级道林纸。因此,杂志广告具有精良、高级的特色。精美的印刷品无疑可以使读者在阅读时感到一种高尚的艺术享受,它还具有较好的形象表示手段来表现商品的色彩、质感等。广告作品往往放在封底或封里,印制精致,一块版面常常只集中刊登一种内容的广告,比较醒目、突出,有利于吸引读者仔细阅读欣赏。图 6-41 所示为 KFC 国家地理杂志广告。

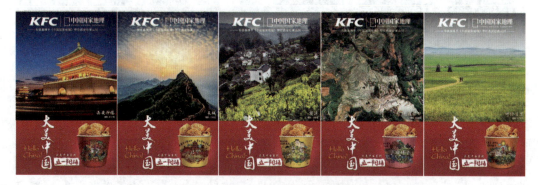

图 6-41　KFC 国家地理杂志广告(图片来源:国家地理杂志官网)

4. 灵活性强

杂志广告设计制约较少,表现形式灵活多样,可 1/4 页、半页、整页、跨页、折页、插页、多页专辑等发布广告,亦可连续登载,另外也有附上艺术性较高的贺卡、明信片、年历等柔性广告的形式,令读者在接受小赠品的同时,接受其广告。传播上可以通过报刊销售、免费赠阅、读者间的相互传阅,不断发挥广告宣传的作用。

杂志可利用的篇幅多,没有限制,可供广告主选择,并施展广告设计技巧。封页、内页及插页都可做广告之用。而且,对广告的位置可机动安排,可以突出广告内容,激发读者的阅读兴趣。同时,对广告内容的安排,可做多种技巧性变化,如折页、插页、连页、变形等,都可吸引读者的注意。

(四) POP 广告

POP 广告是许多广告形式中的一种,它是英文 point of purchase advertising 的缩写,意为"购买点广告",简称 POP 广告。POP 广告的概念有广义和狭义两种:广义的 POP 广告指凡是在商业空间、购买场所、零售商店的周围或内部以及在商品陈设的地方所设置的广告物,都属于 POP 广告。利用 POP 广告强烈的色彩、美丽的图案、突出的造型、幽默的动作、准确而生动的广告语言,可以创造强烈的销售气氛,吸引消费者的视线,促成其购买冲动。

狭义的 POP 广告概念,仅指在购买场所和零售店内部设置的展销专柜以及在商品周围悬挂、摆放与陈设的可以促进商品销售的广告媒体。POP 广告起源于美国的超级市场和自助商店里的店头广告。1939 年,美国 POP 广告协会正式成立后,自此 POP 广告获得正式的地位。

1. POP 广告的分类

POP 广告设计要重视广告创意和现场效果的营造,总的原则就是新颖独特,能够快速抓住顾客的眼球,激发他们购买的欲望。那么,要想在纷繁众多的商品中引起消费者对某件商品的注意,就必须以简洁的形式、醒目的色彩、异样的格调来突显自身的个性形象。

(1) 卡片式 POP 广告设计

卡片式 POP 广告包括展示卡、标签、名片、价目卡、说明卡等,它形状小巧,制作简单,展示方便。由于卡片宣传目的的不同,其设计形式灵活多样,在设计制作过程中,可以应用多种艺术表现手法。例如,将平面构成、色彩构成、立体构成等基本规律应用其中,在此基础上求新、求变,突出品牌个性、展示企业形象(见图 6-42)。

图 6-42　星巴克卡片式星享卡设计(图片来源:星巴克中国官网)

(2) 展架式 POP 广告设计

展架式 POP 广告具有多角度的立体展示效果,如果用纸质材料,要选择能够竖立平稳、质地坚实有韧性的纸材。常用的展架材料有厚卡纸、有机玻璃板、塑料、PVC 材料等。

(3) 悬挂式 POP 广告设计

悬挂式 POP 广告要全面考虑展示角度和组合形式,连成一排的组合,能产生强烈的节奏感、韵律感,制作形态灵活,根据需要可以设计承担单面或双面的。

(4) 立地式 POP 广告设计

立地式 POP 广告设计主要有两种形式：一是货架式立地式 POP 广告，即在造型独特的小型产品展架上摆放包装精美的商品，以吸引消费者的眼球，促使其产生购买行为；二是招牌式 POP 广告，内容以品牌名称、产品商标、广告语为主，用于展示品牌形象。

(5) 光电及声像式 POP 广告设计

光电及声像式 POP 广告设计有较强的传播优势，常用的有投影仪、电视机、录音机、计算机、灯光等设备，还可以辅助使用一些小型电动装置，增添趣味性。图 6-43 所示为由三里屯太古里与行走的力量联合举办的"爱·分享"活动在三里屯太古里北区举行亮灯仪式。

图 6-43　"爱·分享"快乐公益活动光电设计（图片来源：陈坤官网）

2. POP 广告的功能

POP 广告的功能很多，不同的 POP 广告有不同的功能，综合起来有以下几点。

(1) 及时介绍和宣传新产品

POP 广告是"无声的售货员"和"忠实的推销者"，它直接与消费者见面，把商品信息直接告诉消费者，使消费者能够迅速地做出选择，既简化程序，同时又突出消费者的作用，无不体现出以人为本。

(2) 促使潜在消费者的购买

对于现在消费者来说，有两种购买意识，一是因需要而购买；另一种就是潜在的购买者。POP 的功能之一就是引导和激发具有潜在的消费者去消费；同时补充其他广告媒体之不足，增强和加深对产品的了解和认识。

(3) 美化环境、创造良好气氛

强烈的色彩、别致的造型结构、多样化的形式，使得购物环境大大地加以改善，美化了环境；环境的改善就会给消费者创造良好的购物气氛和环境，而良好的购物气氛和环境会带来良好的销售，从而使商家获得更高的利润。

(4) 争取有效的时空效果

便利是 POP 广告的最大特点，它可以利用有效的时间和空间最大限度地发布商品信息，这对生产商来说尤为重要。POP 广告的现场展示与宣传使消费者对产品的质量和服务有了比较和认定，从而密切了产销关系，同时也有利于树立企业在消费者心里的形象，是扩大产品和企业知名度更为有效的手段。

3. POP 广告的设计原则

POP 广告的设计总体要求就是独特，不论何种形式，都必须新颖独特，能够很快地引起顾客的注意，激发他们想了解、想购买的欲望。具体来讲，应遵循以下原则。

（1）造型简练、设计醒目

要想在纷繁众多的商品中引起消费者对某一种或某些商品的注意,必须以简洁的形状、新颖的格调、和谐的色彩突出自己的形象。

（2）重视陈列设计

POP 广告是商业文化中企业经营环境文化的重要组成部分。因此,POP 广告的设计要有利于树立企业形象,加强和渲染购物场的艺术气氛。

（3）强调现场广告效果

应根据零售店经营商品的特色,如经营档次、零售店的知名度、各种服务状况以及顾客的心理特征与购买习惯,力求设计出最能打动消费者的广告。

二、宣传品

宣传卡、宣传手册及手提袋是企业常用的宣传品,设计样式也较为灵活,是企业形象宣传中极为活跃的一部分。对其规格样式的要求也随着时代潮流不断发生着变化,在创作风格上需要把握时代脉搏,结合企业特色来创意制作。

（一）宣传卡

宣传卡是商业贸易活动中的重要媒介体,俗称小广告。它通过邮寄向消费者传达商业信息。国外称为"邮件广告"或"直邮广告"。宣传卡具有针对性、独立性和整体性的特点,自成一体,无须借助于其他媒体,不受其他媒体的宣传环境、公共特点、信息安排、版面、印刷、纸张等限制,又称为"非媒介性广告"。样宣和说明书是小册子,有封面和内页,像书籍装帧一样,既有完整的封面,又有完整的内容。宣传卡的纸张、开本、印刷、邮寄和赠送对象等都具有独立性(见图 6-44)。

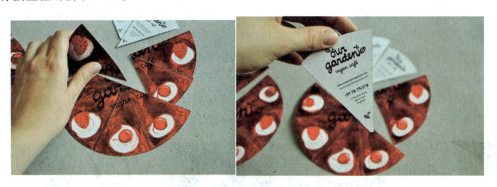

图 6-44　比萨店创意卡片设计(图片来源:平面广告官网)

1. 针对性

我国的宣传卡可分为三类:一类是宣传卡片(包括传单、折页、明信片、贺年片、企业介绍卡、推销信等),用于提示商品、介绍活动和企业宣传等。另一类是样本(包括各种册子、产品目录、企业刊物、画册),系统展现产品,有前言、厂长或经理致辞,各部门、各种商品、成果介绍,未来展望和介绍服务等,树立一个企业的整体形象。最后一类是说明书。一般附于商品包装内,让消费者了解商品的性能、结构、成分、质量和使用方法。

2. 独立性

正因为宣传卡具有针对性强和独立的特点,因此想要充分让它为商品广告宣传服务,应当从构思到形象表现、从开本到印刷,纸张都提出高要求,让消费者爱不释手。就像我们得到一张精美的卡片或一本精美的书籍要妥善收藏,而不会随手扔掉一样,精美的宣传卡同样会被长期保存。

纸张:宣传卡根据不同形式和用途选择纸张一般用铜版纸、卡纸、玻璃卡等。

开本:宣传卡的开本,有32开、24开、16开、8开等,还有采用长条开本和经折叠后形成新的形式。开本大的用于张贴,开本小的用于邮寄、携带。

折叠:主要采用"平行折"和"垂直折"两种,并由此演化出多种形式。样本运用"垂直折",而单页的宣传卡片则两种都可采用。"平行折"即每一次折叠都以平行的方向去折,如一张六个页数的折纸,将一张纸分为三份,左右两边在一面向内折入,称为折荷包;左边向内折、右边向反面折,则称为折风琴;六页以上的风琴式折法,称为反复折,也是一种常见的折法。

3. 整体设计

在确定了新颖别致、美观、实用的开本和折叠方式的基础上,宣传卡封面(包括封底)要抓住商品的特点,运用逼真的摄影或其他形式和牌名、商标及企业名称、联系地址等,以定位的方式、艺术的表现吸引消费者。而内页的设计要详细地反映商品方面的内容,并且做到图文并茂。

对于专业性较强的精密复杂商品,实物照片与工作原理图文并存,以便于使用和维修。封面形象需色彩强烈而醒目,内页色彩相对柔和便于阅读。对于复杂的图文要求讲究排列的秩序性并突出重点。对于众多的折页可以作统一的大构图。封面、内页要形成形式、内容的连贯性和整体性,统一风格、围绕一个主题。

(二)宣传手册

首先整理公司所有成功案例。其次挑选出设计精选与理念密切相关的素材。在画册设计时,精选出一批能够体现企业理念的素材,然后对这些素材进行必要的梳理整合。最后,产品摄影、设计和印刷也不可以忽视。大多数情况下以图片来反映问题,文字起辅助作用。一定要在摄影和设计上下功夫,请专业的摄影师前期拍照,专业的设计师后期制作,所用纸张、印刷工艺同样重要。总之要在明确公司定位的情况下,走差异化道路,重视画册策划工作,借助优秀的画册来推广企业形象和产品营销(见图6-45)。

图6-45　创意手册设计(图片来源:平面广告官网)

(三)手提袋

手提袋是一种简易的袋子,制作材料有纸张、塑料、无纺布工业纸板等。此类产品通常用在厂商盛放产品,也有在送礼时盛放礼品;还有很多时尚前卫的西方人更是将手提袋用作包类产品使用,可与其他装扮相匹配,所以越来越被年轻人所喜爱。

手提袋还被称为手挽袋、手袋等。从手提袋包装到手提袋印刷再到使用,不但为购物者提供方便,还可以借机再次推销产品或品牌。设计精美的手提袋会令人爱不释手,即使手提袋印刷有醒目的商标或广告,顾客也会乐于重复使用,这种手提袋已成为目前最有效率而又物美价廉的广告媒体之一。

图6-46所示为Lee创意纸袋设计。Lee为了向消费者传播他们的环保理念,让购物袋充分发挥作用,便在上面做了点"小手脚"。这批"Never Wasted"购物袋可以拆分成一堆好玩又好用的小物件,比如笔筒、告示贴、书签等,物尽其用,娱乐大众,又能进一步传播品牌信息。

图6-46　Lee创意手提袋设计(图片来源:平面广告官网)

三、户外广告

户外广告(outdoor advertising),泛指基于广告或宣传目的而设置的户外广告物,常出现在交通流量较高的地区。常见的户外广告如:企业LED户外广告灯箱、高速路上的路边广告牌、霓虹灯广告牌、LED看板及安装在窗户上的多功能画蓬等,现在甚至有升空气球、飞艇等先进的户外广告形式。

户外广告制作是在20世纪90年代末期产生,近两年发展起来的。如今,众多的广告公司越来越关注户外广告的创意、设计效果的实现。各行各业热切希望迅速提升企业形象,传播商业信息,各级政府也希望通过户外广告树立城市形象,美化城市。

(一)广告塔

广告塔又名擎天柱、T形牌等,是一种大型户外广告展示工具。一般立在道路两边。以高速公路居多,是目前高速公路、城市公路、立交桥或城市经较开阔的地方最常见的一种广告形式。广告塔从开始发展到现在,在广告界人士的不断创新发展下,涌现出一些新型的外观新颖的广告塔。特别是一些添加LED亮光照明的广告塔,晚上更是当地一道亮丽的风景(见图6-47)。

(二)夜间广告

1. 灯箱广告

灯箱广告又名"灯箱海报"或"夜明宣传画"。用于户外的灯箱广告,其应用场所分布于道路、街道两旁,以及影(剧)院、展览(销)会、商业闹市区、车站、机场、码头、公园等公共场所。国外称之为"半永久"街头艺术。新型的柔性灯箱一改传统灯箱白天效果差,没有了图

图 6-47　户外广告展示（图片来源：昵图网）

像、文字字形单调的缺憾,以其逼真的图像显示了丰富的字形,无论白天黑夜均以艳丽的色彩、强烈的质感显示出特有的装饰效果。

以柔性灯箱的制作技术及材料、工艺不仅可以制成覆盖整个墙面的巨型灯箱与建筑物融为一体,还可做成实物模型,而且几年不变色、易运输、易安装、不易磨损及阻燃。广泛用于银行、超级市场、快餐店、加油站等,已成为一种商店门面装饰新形式(见图6-48)。

图 6-48　灯箱广告展示（图片摄于日本街头）

2. LED 广告

LED 广告是一种新媒体广告形式,是新媒体技术与户外广告发布形式的完美结合。LED 广告就是利用发光二极管拼成的广告字样或者图片。譬如我们平常在大街上看到的电子大屏幕广告或是一些路边有带彩光的高亮的广告字样和招牌等。

LED 为何物

LED(Light-Emitting-Diode,中文意思为发光二极管)是一种能够将电能转化为可见光的半导体,它改变了白炽灯钨丝发光与节能灯三基色粉发光的原理,而采用电场发光。LED 显示屏(LED panel)是一种通过控制半导体发光二极管的显示方式,来显示文字、影像的显示屏幕。LED 显示屏主要包括图文显示屏与全彩显示屏。

(资料来源：https://baike.baidu.com/item/%E5%8F%91%E5%85%89%E4%BA%8C%E6%9E%81%E7%AE%A1/1521336?fromtitle=LED&fromid=956234&fr=aladdin)

3. 滚动广告灯箱

滚动换画灯箱,是目前社会上各行各业中宣传及展示使用的、各种能自动定时更换画面的高科技广告灯箱的统称。它利用配备的滚动转轴系统带动画面,按设定的位置、间隔时间进行转动,自动定位更换画面;并配套各种光源照明装置,以达到在一个灯箱内能展示多幅画面的使用效果。

滚动广告灯箱主要设置在市区的主要干道上,路线固定,当广告受众人群在流动时,滚动灯箱广告的内容会不断地在受众人群脑海中反复出现,这会极大并有效地增加广告受众人群的数量及接触频率。图 6-49 所示为天猫地铁广告灯箱。

图 6-49 天猫地铁广告灯箱展示(图片来源:天猫官网)

(三)其他户外广告

1. 场地广告

场地广告主要指设置于体育场馆、演播厅内、大型集会活动现场,或利用各种户外空间设计的广告形式。通常以极富创意的表现手法,营造一种具有较强视觉冲击力的广告效果。图 6-50 所示为音乐节户外展演广告。

图 6-50 音乐节活动展演场地户外广告(图片来源:平面设计官网)

2. 电梯广告

上下楼对于大多数人来说是一件单调而乏味的事情,通常人们在此时都感觉甚为无聊,有下意识的视觉需求。适时出现的广告画面,自然能够成为视觉中心。如果电梯广告制作精美,有较强的艺术性,人们多次阅读也不会产生抗拒心理。同时,电梯广告具有受众群体交互感染性、反复性和延伸性等功能。

3. 三面翻广告

三面翻广告由并排的三棱柱构成,通过电机驱动所有的三棱柱围绕自身中心轴转动,可组成三幅不同的广告画面。广告画面内容使用喷绘、计算机写真或户外彩色即时贴等材质,适用于户内及户外环境。其独特的动感和三面增值广告表现方式,使之既优于普通路牌,又区别于霓虹灯、电子屏幕等。较强的视觉动感,亦使其成为极佳的户外媒体。

4. 充气物造型广告

充气物造型广告多用于产品的促销及宣传,可分为长期性和临时性。在展览场地、大型集会、公关活动、体育赛事等户外及室内场所均可运用。充气物造型广告一般都较为庞大,而且设计独特、颜色炫耀,因此对受众具有强烈的感召力。

草间弥生美术馆的视觉系统是这样诞生的

草间弥生美术馆于2017年10月1日在东京新宿开幕,即使规定了一天仅能预约四次,但是仍然吸引了许多艺术爱好者参观。从开幕至2018年2月为止的门票早已全数售完。开幕后,美术馆的视觉系统设计也随之揭晓,由日本新生代设计师色部义昭成立的"色部工作室"负责,色部义昭担任整个视觉系统计划的艺术总监,与工作室里的另外两位设计师:山口萌子、松田纱代子共同完成。在此之前,色部义昭已有多次视觉系统的设计经验,包括市原湖畔美术馆、于ggg美术馆举办的个展"色布义昭:WALL"。他毕业于东京艺术大学,后进入日本设计中心以及原设计中心工作,曾说自己比较擅长的就是把设计恰如其分地统一起来,创造出一个系统的形象。曾于2008年获得SDA最优秀奖,2009年获得JAGDA奖、JADGA新人奖以及ADC奖等。

这次为草间弥生美术馆打造的视觉系统,主要分三个部分:主视觉以及延伸的运用、美术馆的字体符号及指标,以及主视觉衍生的周边设计。无论客户对项目提出了多少重点,色部义昭都会将其精简至最重要、最共通之处,然后把精力放在这个点上,以此做出设计。草间弥生美术馆的主视觉设计也是如此,选择以草间弥生的亲笔签名为灵感,再于细节部分调整,表达出对艺术家世界观的尊重,也能够得到画迷们的认同(见图6-51)。

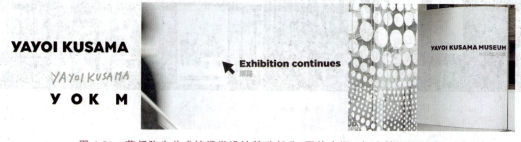

图6-51 草间弥生美术馆视觉设计基础部分(图片来源:标志情报局网站)

字体符号的设计同样延续这样的概念,并加入具有特色的符号,确保来馆民众能够清楚地了解参观路线,顺畅地参观馆内各处(见图6-52)。而由主视觉衍生的周边设计,包含馆内工作人员的T恤制服,就以主视觉与草间弥生的作品作为

图 6-52　草间弥生美术馆导向视觉设计（图片来源：标志情报局网站）

设计基础，例如，点点图案的透明购物袋，呈现艺术家的代表作品之外，使用者把任何物品放进去后，都像是变成了草间弥生的作品。像这样在细节上讲究，思考到使用后的效果，透过设计的方式在各处融入草间弥生的世界观（见图6-53）。

图 6-53　草间弥生美术馆视觉设计应用部分设计（图片来源：标志情报局网站）

美术馆的视觉系统之外，色部工作室还为开馆纪念展设计图录册。设计上讲究作品的再现性，力求能精心表现出每一件作品的质感与比例。封面则使用了粗粒感、层次丰富的材质印刷，再加上黑色与银色的烫金字体，呈现出富有质感的图录。以圆点女王亲笔签名为灵感，草间弥生美术馆的视觉系统就这样诞生了（见图 6-54）！

图 6-54　草间弥生美术馆画册设计（图片来源：标志情报局网站）

（资料来源：http://logodashi.com/Home/ArticleDetail？ID＝648）

本章主要讲授 CIS 企业形象设计的应用系统部分,通过讲授办公事务用品类、标示系统、环境系统、包装系统、服装服饰系统、交通系统、展示系统及广告媒体系统的设计构思与形式法则,帮助学生拓展设计思维,增强学生的企业形象设计的平面造型应用能力与艺术表现能力,深入地了解与正确掌握办公事务用品设计原则、旗帜及招牌设计、企业环境;识别系统设计、包装视觉识别设计、服装服饰设计及交通系统、卖场;展览设计及平面广告、户外广告、宣传品等内容设计的视觉语言及表现技法,并在设计实践中做到灵活运用,探索出新的设计语境。

　　1. 掌握办公事务用品的设计技能,名片、信封、信纸、便签设计的设计原则、设计思路、造型及表现方式等。

　　2. 标示系统中旗帜的种类、特性及招牌设计制作要点为何?

　　3. 展示系统设计中橱窗设计的设计原则及注意要点为何,掌握卖场设计、展览设计技能,通过学习提供综合形象推广能力。

　　4. 增强对包装系统设计的功能、类别、材料运用的理解,包装系统中视觉识别设计的设计要点为何?

　　5. 分别进行不同形式的平面广告及户外广告设计练习,建议根据选题需要,设计不少于 3 种平面广告形式的设计方案,并设计相应的户外广告方案,以及做出必要的设计说明。

　　目的:增强学生对平面广告、户外广告的类型的理解,掌握广告设计技能。通过学习,可以对版式设计、系统形象的策划、推广有一个全新的认识与提高。

　　要求:根据自选课题,进行平面广告、户外广告设计。

第七章

企业形象设计的程序

1. 掌握企业命名的规则和要点。
2. 掌握市场调研的方法。
3. 把握正确的企业形象设计思路。

企业命名、市场调研、前期准备、方案制订

山海烤肉餐饮企业形象策划

彼安迪餐饮品牌设计为成都山海烤肉设定的品牌理念是"入川为山,出河为海",以山海间最真美味的食材作为企业产品的根本,以关注食客的味觉口感为己任,强力刻画出一家专注于极致美味烤肉的餐饮品牌形象。

"标志"在传统书法的形式上大胆突破,强调山与海的交融,突出山的气势和海的运势,辅以篆体的印章形式,突显传统韵味。辅助图形的设计则是用山和海的形态为原型进行巧妙的变形设计。"标志"造型独特,主题明确,人性化概念较强,富有视觉冲击力和感染力,表现该企业的健康、产品质量安全,也表达了企业博大的爱心和胸怀(见图7-1)。

案例解析:

企业形象战略的策划最重要的是要找准企业的形象定位,塑造良好的公司形象,制定长远可行的发展目标,有效的企业的视觉结构和传播这些因素对于企业来说都是十分重要的,而企业形象战略的导入时机需要重点考虑和把握,这也是企业形象设计成功的第一步。

图7-1 山海烧肉餐饮品牌CI设计部分展示（图片文字来源：彼安迪餐饮设计官网）

一个公司导入CI的重要目的是塑造公司的优良形象。但是，执行CI计划是要回答塑造一个什么样的公司形象。公司要如何给自己进行形象定位呢？这是CI策划中的一个关键问题。公司的形象定位与发展战略目标密切相关。一个企业未来的发展目标决定了该企业的发展规模，同时决定了企业未来的实力形象。

第一节 企业的命名

企业名称即企业的名字，是用文字表现的识别要素，是一个企业的第一人称。任何一个企业从产生之日起，就像人的诞生一样，首先要有名字，用以区别其他企业。

一、企业的命名原则

企业有一个响亮的名字会让消费者印象深刻，美国的艾·里斯（Al Ries）和杰克·特劳（Jack Trout）在《定位》艺术中指出，"名字就是把批评挂在预期客户头脑中产品梯子上的钩子。在定位时代，你唯一能做的重要的决策就是给产品起什么名字"，这个话虽然听起来有些夸张，但是却道出企业品牌命名的重要性。好的企业品牌名称是塑造公司优良形象的第一步，而企业命名有其所要遵守的原则。

（一）简短易读，易记易写

好的企业名字要经得起推敲，具有冲击力，并且朗朗上口，能被消费者记住，达到迅速传播的目的。品牌的名称应该简单明了，字数不可以过长，要容易拼写，做到发音清晰响亮、容易阅读。

而品牌名称的字符组合应该容易记忆，并且书写方便，切忌为了形式美而过于复杂，在字符的选择上要选取识别度高的，视觉冲击力强的。现代品牌众多，名字也起的五花八门，有的企业品牌名称字符过多，识别性差，很多消费者难以记住，对品牌的推广制造了屏障。因此，命名时首先要考虑到简短易记的原则，品牌名称的音节不要过长，汉语以双音节为佳，英文以5～8个字母为好，其次是不要使用生僻字，要注意识别性。如拼多多、1号店、淘宝、京东这些品牌的名称都是给人以强烈的印象，简单易记（见图7-2）。

（二）与发展战略目标契合

公司的形象定位与发展战略目标密切相关。一个企业未来的发展目标决定了企业的规

图 7-2 拼多多、1 号店标志（图片来源：Logo 圈）

模，同时决定了企业未来的实力形象。比如一家多元化行业发展的集团公司，它未来的形象定位应该是一家具有相当实力、多元化的集团公司形象。如联想、长虹、创维、康佳品牌，这些企业品牌的命名都是和企业发展战略相关联（见图 7-3）。

图 7-3 联想、长虹标志（图片来源：Logo 圈）

（三）要符合企业理念、服务宗旨

企业名称应符合企业理念、服务宗旨，这样有助于企业形象的塑造。例如：联合利华的品牌标志由著名品牌咨询机构 WolffOlins（沃尔夫奥林斯）公司设计。它最初的设计是用 100 多个取材自非洲岩画的小图案拼合成为一个"U"字，这个创意得到了大家的肯定，但是公司高管认为图案太多会造成识别困难。于是，经过几个月的重新修改，诞生了今天这个样式的联合利华新标识。新标识内包含着 25 个小图案，每个图案又有自己独特的含义，比如一片树叶，象征着植物精华；如茶叶，也代表了耕耘和成长；一只小鸟，象征着从繁重的家务中解脱出来享受自由。除了代表着让人们更健康、长寿，更具活力的价值观外，这些小图案又都可以自由地拆分运用在各种新媒介上。比如图案中的一朵花代表芳香，当它和一只手的图案结合时，可以被用来代表生产滋润乳霜的部门；再如一片浪花，既可以表示清新与活力，也可以是个人清洁用品，当和衣物图案结合时还可表示洗衣粉生产部门（见图 7-4）。

雀巢的命名也蕴含了品牌的服务理念，在 1865 年一位朋友告诉雀巢品牌创始人内斯特尔，由于孩子喝了他的奶粉，改变了婴儿不喝牛奶的习惯，健康地成长起来，为母亲们解决了困难。听到这个消息后，内斯特尔在 1867 年创立了育儿奶粉公司，以他的名字 Nestle 为产品的名称，并以鸟巢为商标图形。内斯特尔 Nestle 的英文含义是"舒适安顿下来"和"依偎"，契合企业产品的服务理念。而雀巢的图形自然会让人们联想到慈爱的目光抚养婴儿的情境，所以，雀巢奶粉产品一直都保持着畅销的趋势（见图 7-5）。

（四）企业名称应具备自己的独特性

具有个性的企业名称可避免与其他企业名称雷同，以防混淆大众记忆，并可加深大众对企业的印象。如陕西博森股份集团的博森生物制药股份集团有限公司的 Logo 诠释：凤舞九天。凤是我国古代最为崇拜的两大图腾之一，与龙并称。它是吉祥幸福的象征。

图 7-4　联合利华标志设计（图片来源：Logo 圈）　　图 7-5　雀巢标志设计（图片来源：Logo 圈）

　　《山海经·南山经》中说丹穴之山"有鸟焉,其状如鸡,五彩而文,名曰凤凰……自歌自舞,见则天下安宁。"《尔雅·释鸟》郭璞注："凤,瑞应鸟。"九,在中国古代是个神秘的数字,天高曰九重,地深曰九泉,疆域广曰九域,数量大曰九钧,时间长曰九天九夜……《全元曲典故辞典》中,"九天"一词,引证了屈原《离骚》、扬雄《太玄》《淮南子》和屈原《天问》。"释义"则以"九重天"比喻天穹高耸,进而比喻远大境界。凤舞九天,任君翱翔——新时代的博森Logo,贵气中透出平和,平静里渗透着王者风范。

　　貌似凤凰——彰显博森百鸟朝凤,润泽天下的尊贵风范;形若河流——比喻博森海纳百川,有容乃大的企业胸怀;神如风帆——展现博森与时俱进,起锚远洋的企业境界与事业宽度;态美如鸽——传播健康,歌颂盛景,期望人类的进步、世界的和谐,表露出博森人的历史使命(见图 7-6)。

　　去哪儿网,是互联网旅行 APP 里非常出名的一家企业,去哪儿的名称是人们即将出门时会询问的一句话,是大家日常的口头禅,这个企业名称让人印象非常深刻。Logo 的骆驼图形让人联想到远方神秘的沙漠之旅,骆驼有着坚韧持久、令人信赖的游伴形象,它的不离不弃,默默奉献,陪伴人们度过旅行中的每一刻,这是去哪儿网想传达的企业精神。如图 7-6 和图 7-7 所示是博森制药及去哪儿网的标志。

图 7-6　博森生物制药股份标志（图片来源：Logo 圈）　　图 7-7　去哪儿企业标志（图片来源：Logo 圈）

（五）具有传承性,不被时代所淘汰

　　企业名称无论在发音、字形和含义上都要具有一定传承性及持久性。不能为了暂时的流行和时尚而命名一个不具有内涵的名字,这样的企业名称虽然符合当前潮流,但是经不起时间的推敲,必将会面临落伍的危险。

例如,可口可乐的品牌在1886创立,现在依然是畅销饮品,深受消费者欢迎,并且成为饮料业的巨头,早在20世纪20年代,可口可乐就已经传入中国,在天津和上海设立瓶装厂,但是当时的可乐译名很像"蝌蚪啃蜡",因为这个古怪的名字,可乐在当时的中国少人问津。后来旅英华人蒋彝将其翻译为"可口可乐",经过重新包装润色,在1979年,可口可乐又出现在中国大陆地区,从此立足于中国市场,畅销至今。尽管过了40余年,可口可乐的名字依然简单易记、朗朗上口,深受大众的喜爱(见图7-8)。

图7-8　可口可乐企业标志(图片来源:标志情报局)

(六)符合不同国家和民族的文化习惯

企业名称要符合不同地域的文化,特别是国际化的品牌,在命名前要充分考虑到不同区域的风土人情、民族文化习惯和道德风尚,避免引起不必要的麻烦。特别在某些国家和地区,一些俚语的发音是否和企业名称发音相近,或者是英文的缩写是否和当地的特殊文化冲突,这些都要在事先做好市场调研考察。美国贝茨利奇(Betts Ricci)的"起名研究所"每当接到一笔生意时,都会进行广泛的市场调查,详细了解公众的习惯,提供关于国家、地区、民族和各个不同阶层的风俗习惯,创意出大量的好品牌。

美国的艾克森公司为了创造出适合全世界范围的品牌,集合了心理学、社会学、语言学等各方面的专家,历时6年,耗资1.2亿美元,调查了55个国家和地区,编写了1万多个预选方案,最后才将产品定名为"EXXON"这个世界知名品牌(见图7-9)。

图7-9　艾克森公司标志(图片来源:Logo圈)

(七)企业名称要富于吉祥色彩

在国内,很多消费者对企业品牌的好印象很多源自于"好口彩",既一个具有吉祥寓意的品牌名称更容易受到人们的青睐。企业名称如果含有吉祥、富贵、健康、平安等寓意,容易引起人们的好感,即使不接触产品而仅仅听到名字,便会对其充满好感和向往,这就是吉祥名称的魅力。反之,如果企业名称粗俗、晦暗、含有不好的寓意等,即使产品质量再好,消费者也会对其产生厌恶感,导致人们不愿意去了解产品,甚至不希望购买产品。

例如金利来远东有限公司的金利来品牌原名叫金狮,因考虑到金狮在某些地方的方言表达为"金输"的含义,这是犯忌的不吉利名称,因此将金狮(GOLDLION)改为金利来,意寓给人们带来滚滚财源。试想,这样的企业谁不喜欢,谁不乐意与之交往呢?北京万亩良田企业名称以行业性质和企业愿景出发,标志以朝阳和麦田,腾龙元素实虚结合,寓意腾飞,龙也是掌管天气的神灵,象征着吉祥。企业的名称有着祈求风调雨顺、五谷丰登的美好寓意(见图7-10和图7-11)。

图7-10 金利来企业标志(图片来源:Logo圈)　　图7-11 万亩良田企业标志(图片来源:设计之家)

(八)法律的许可

企业名称的命名要在法律许可的范围内,近些年注册企业名称的公司呈现年年递增的态势,很多企业名称早已被注册。在确定推广和制订设计方案之前,一定要先到工商商标注册部门去查询,避免发生侵权。只有符合《商标法》的要求,品牌才能得到法律的保护,才会成为企业的无形资产。所以,品牌名称必须符合法律的要求。

一般情况下,企业要准备3~5个品牌名称,再到工商部门查询,以免出现只有一个命名发现已经被注册的情况。但有一些设计师在设计之初并没有告知客户企业名称注册的法律相关问题,导致客户交了设计费用,并且设计好标志之后发现企业名称已经被注册过了。这样就会让设计周期延长,并产生新的设计费用。因此,在设计初期就要避免这类情况的发生。总之,判断一个企业名称好坏,标准在于是否易于记忆,其形象是否鲜明、表达能力强否、独特性如何、传播方便与否等。企业名称应当是音、形、意的完美结合,以达到好看、好记、好印象的效果。以往,许多企业在使用名称上常常采用多维方式,即企业名称与产品名称分离,不同产品又有不同的名称。这种方式虽然能使企业降低经营风险,然而,也有许多不足之处,比如:增加了费用,如设计费、广告费、包装设计费;不利于消费者辨别,从而造成混乱;企业名称与品牌的不一致性,不利于企业形象的树立与传播。企业名称还必须体现和有利于创造企业的独特个性。企业名称是企业个性的文字表现,它不仅对企业经营活动以及员工纪律、士气产生深远的影响,而且对树立企业独特形象具有重要意义。当人们第一次听说或第一次看到某一企业,首先接收到的即是企业名称,并通过这一名称在脑海中形成第一印象。良好的企业名称会直接给人一种耳目一新、过目不忘的感觉。

因而,一个注意自己企业形象的企业家,必须重视企业名称的作用,不能简单地在某产品或某行业的前面简单地冠以地域名,使企业失去特色、失去个性。目前,不管在中国还是在国际上,企业存在一种企业名称与产品品牌名称合二为一的趋势,这对企业整体形象的树立不无好处。

二、企业名称的类型

市面上品牌名称众多,近年来在国家号召大众创业的前提下,越来越多的人进入创业的行列中,企业注册也越来越多,各种各样的品牌名称类型繁多,将一些知名企业的名称归纳一下,大致分为以下几种类型。

(一)国际化类型

这类品牌名称是按照品牌影响力和销售范围来制定的,如果一个企业的战略规划是走向国际市场,做大做强,那么企业的名称也要符合国际潮流和品味来制定。这样的企业名称大多都是以英文名称为主,也鲜有中文的名称,但是多与英文相结合的组合方式。其中,英文名称有全拼写的方式,也有首字母的缩写组合,但是这样的企业名称有些让人难以了解,需要投入巨资做广告推广才能让人们留下深刻印象,如品牌DKNY就是首字母的组合方式(见图7-12)。

图7-12　DKNY品牌标志(图片来源:设计之家)

(二)凸显民族性特色文化

每个国家都有自己的民族品牌,也有很多民族品牌走向世界。有很多企业以民族为主体命名自己的企业,通过倡导民族精神,来提升自己的市场份额。如国货化妆品品牌百雀羚、相宜本草的企业名称就充满了浓浓的民族性和中国味道,让人过耳难忘(见图7-13)。

图7-13　百雀羚、相宜本草品牌标志(图片来源:Logo圈)

(三)设计师、创始人品牌

很多企业都是以创始人或是设计师的名字来命名的,这些企业名称能得到更好的品牌保护,满足了自我意识。品牌会和真实存在的人紧密地联系在一起,成为品牌文化的一部分。如法国著名品牌香奈儿,就是以创始人的名字命名的,彰显了创始人香奈儿女士独立、高雅打破传统束缚的生活态度,崇尚简单、舒适的着装风格。美国品牌CK,同样也是以创始人兼设计师卡文克莱的名字命名的(见图7-14)。

图 7-14　香奈儿、卡文克莱品牌标志（图片来源：Logo 圈）

（四）美好寓意的呈现

很多企业将对生活和对企业产品服务寄托于美好的愿景，或推崇某种生活状态，或是某种意境，也可能是通过某种事物、人物、地点、动物、过程、外国文字来暗指所要表述的寓意，如探路者、忆江南、彪马等品牌名称（见图 7-15）。

图 7-15　探路者、忆江南、彪马品牌标志（图片来源：Logo 圈）

（五）描述性

通过描述企业的性质或是经营范畴起名，可以清楚地表述企业的目的。企业未来可能会向多元化发展，这必然存在潜在的缺陷这样的名称可能有一些局限性，如大益茶、农夫山泉（见图 7-16）。很多企业为了避免这种情况的发生，在拓展业务的时候，经常会注册一个新的子品牌，给予新的品牌定位。

图 7-16　大益茶、农夫山泉品牌标志（图片来源：Logo 圈）

（六）简单易记

为了朗朗上口，容易记忆，也有一些企业名称采用这样的起名方式。很多都是采用叠词方式命名或者常见的事物命名，更加容易加深记忆。如：娃哈哈、当当城、同花顺等（见图 7-17）。

三、企业命名策略

企业名称是永恒不灭的，是最容易表述和记住的，企业产品服务不断更新的同时，也将

图7-17　娃哈哈、当当城、同花顺品牌标志（图片来源：Logo圈）

企业的品牌推向一个新的高度,好的企业名称不仅具有韵律的美感,并且可以让人们感受到一种美好的生活态度。恰当的名称是企业品牌的资产,影响力无处不在。

对于企业客户来说,一般情况下都是企业已经准备好企业名称,直接找到设计公司要求做企业形象设计。但是也有一些企业将这些全部交给设计公司,让其提供可选方案。所以,对于设计公司来说就要事先和客户企业做好充分的沟通,明确企业的诉求,进行市场调查,策划出有效的企业名称。

1. 统一品牌名称策略

统一品牌名称策略也可以称为一元化品牌名称策略,是指企业将经营的所有系列产品统一使用一个品牌名称的策略。使用统一品牌策略有利于建立企业识别系统,可以降低推广新产品的资金成本,节省大量的广告费用,企业做大做强的时候,一旦推出新产品,便能即刻享用成功品牌带来的知名度和美誉度。但是,这样的策略风险较大,一旦产品或服务出现问题,可能会影响企业的整体形象。

2. 个别品牌名称策略

个别品牌名称策略也可称为差别品牌名称策略,是指企业对各种不同的产品线采用不同的品牌名称,这种方法也叫作子品牌策略。这种策略的优点就是,可以把个别品牌的成败与其他品牌和企业的声誉分开,互不影响,对企业的发展和稳定起到很大的作用。缺点就是各个品牌的关联不大,广告宣传和品牌推广费用会比较大。

宝洁公司(Procter & Gamble)简称P&G,是一家美国消费日用品生产商,也是目前全球最大的日用品公司之一。总部位于美国俄亥俄州辛辛那提,全球员工近140000人。2008年,宝洁公司是世界上市值第6大公司,世界上利润第14大公司。它同时是财富500强中十大最受赞誉的公司。旗下包含了洗护发系列、个人清洁用品系列、口腔护理系列、婴妇卫生用品系列、织物护理系列、护肤系列、男士护肤系列、男士剃须系列、零食系列、电池系列(见图7-18)。

图7-18　宝洁公司旗下品牌展示（图片来源：百度图片）

个别品牌名称策略实现了品牌与品牌之间互不影响,有利于企业向多元化发展,向多种产业进军的企业开拓战略,即使其中一个品牌出现了类似三鹿品牌事件,母公司也可以将该品牌放弃,而不会影响公司的整体效益。

3. 拓展品牌名称策略

拓展品牌名称策略也叫多元化品牌名称策略或者是副品牌,是指企业利用市场上有一定声誉的品牌,推出改进或新的品牌名称,拓展品牌的宣传重点依然是主品牌。采用这种策略,既能节省推销费用,又能迅速打开产品销量。副品牌的深层含义是低成本吸引人们的眼球并提升知名度、强化品牌核心价值、活化主品牌、赋予主品牌年轻感、成长感、提升主品牌的各项美誉度指标,如:亲和力、技术感、高档感、现代感、时尚感等。这种策略的前提是拓展该品牌在市场有较高的声誉,拓展的产品品质也必须与其匹配,否则将适得其反。

比如海尔集团,其家电品种繁多,所有家电都称为海尔,不便于消费者区分,给人印象模糊。当海尔把电视机叫"海尔——探路者",把其热水器叫"海尔——小海象"时,使消费者对海尔的产品种类一目了然。不仅如此,企业还可以用"副品牌"把同种商品区别开。比如海尔冰箱中功能先进、外形俊俏的冰箱叫"帅王子";高雅华丽、彩画门体的冰箱叫"画王子";单门体积小的冰箱则叫"小小王子"等。

4. 品牌创新名称策略

品牌创新是指将企业改进或合并原有的品牌,设立新的品牌名称的策略。品牌创新策略有渐变和突变两种类型。所谓渐变策略是指新品牌和旧品牌接近,让消费者有个过渡的过程,随着市场发展慢慢地改变,以适应市场的变化;而突变就是放弃原有的品牌,完全采用新的品牌名称的策略。

总而言之,好的企业名称可以树立良好的企业形象,让客户和消费者对企业产生信心,企业名称起的恰当,也是企业经营的一种策略。图7-19为企业名称命名的流程表格及每个阶段需要解决的问题。

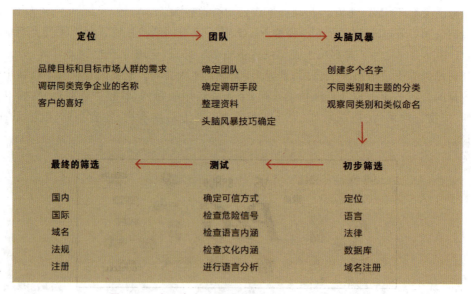

图7-19 企业命名流程图(图片来源:陈荣华绘制)

案例 7-1　佳能——好的企业名字让人难忘！

佳能是全球领先的生产影像与信息产品的综合集团。自 1937 年成立以来，经过多年不懈的努力，佳能已将自己的业务全球化扩展到各个领域。目前，佳能的产品系列分布于三大领域：个人产品、办公设备和工业设备。主要产品包括照相机及镜头、数码相机、打印机、复印机、传真机、扫描仪、广播设备、医疗器材及半导体生产设备等。佳能总部位于日本东京，并在美洲、欧洲、亚洲及日本设有 4 大区域性销售总部，在世界各地拥有子公司 200 家，雇员超过 10 万人(见图 7-20)。

佳能(Canon)名称源于美女。佳能公司的创始人是位医学博士，起此名的灵感出自他抬头眺望天空时的遐想。佳能公司原来的名字叫生本·古岳·橙久城(SEIKI KOGAKU KENKYUJO)，是一个精密光学仪器研究所。佳能原有一个十分英语化的名字 KWANON，意为一位仁慈佛教女神的名。

图 7-20　佳能企业品牌标志
（图片来源：佳能官方网站）

大约在 1936 年，公司用汉莎·佳能(HANSA CANON)为品牌的相机正式上市了。从此，佳能成为举世闻名的相机品牌和公司的象征。

CANON 这个新名字的出现，对于佳能公司的发展是举足轻重的。CANON 与其他著名品牌一样，有简短好记的特点，而且大多数地区的发音都相近似。与此同时，CANON 这 5 个字母中包含两个 N，两个 N 中间是一个 O，在直观看来有一种亲切的感觉，给消费者的第一印象非常不错。消费者在看过这个品牌名称之后，很容易就可以记住，如图 7-21 所示。

图 7-21　佳能杂志广告页（图片来源：《摄影之友》杂志）

CANON 的中文名称"佳能"，是根据其英文名音译而成。在原有的优点上，"佳能"这个名字又向消费者传达出一个新的讯息——"佳"，就是"好""优质"的意思，"能"，指的是"性能"，"机能"。"佳能"二字合在一起，意思很明显，那就是"性能很好"。"佳能"这个名字不仅传达了这样一个信息，而且让消费者觉得不俗套。

（资料来源：学习啦网站）

第二节　设计开发前期准备

在设计实施阶段前,设计公司要与企业进行有效的沟通,确定客户的诉求方向,制定与之相对应的设计方向,并对品牌进行有效的预期分析,才会更加有效地为企业服务。企业形象设计前期准备非常重要,那么需要哪些准备条件呢?

一、明确诉求方向

明确企业要建立什么样的企业形象,企业想达成一种什么样的目的,企业形象设计的预期是什么样的,这些都要在前期做好沟通和了解。

(一)询问基本信息

首先,要获取企业的基本资料,以便更好地了解企业。这里包括:企业名称、企业使命、企业愿景、企业价值观陈述、企业价值定位、企业服务理念、企业销售计划、企业文化评估、企业建设背景、企业产品或服务经营领域、预计媒体发布渠道等。

(二)对主要股东的询问

访问决策者最好是面对面的沟通。把访问记录详细地记载,并要与客户有眼神的交流,这样才能准确判断出客户的喜好,多倾听、多询问。时间尽量控制在一个小时以内,事先要和客户进行电话沟通,确定好沟通时间,在采访之前想好要询问的问题。

一般情况下,小微企业或者是创业型企业,人员少,能够制订方案的人基本上是一到二人,这样比较容易沟通,更容易敲定设计方向。但大型的、规模大的企业股东比较多,每个人对企业品牌的形象都有着不同的理解和期待,所以要集思广益,把握住大的方向。有一些核心问题是必须要提问的:

- 所处的行业是什么?
- 产品和服务是什么?
- 描述一个产品或是服务。
- 产品的价格是多少,市场同类产品的价格是多少?
- 企业的目标市场、目标人群是什么?
- 如何营销产品和服务?
- 企业的价值观是什么?企业愿景是什么?
- 竞争对手是谁?
- 企业竞争优势是什么?
- 对哪些同类企业感兴趣?
- 比较喜欢哪个企业的形象设计?
- 如果想在标志上传达一种信息,你希望是什么?
- 标志在后期宣传推广时预计采用哪些形式和途径?

正常情况下,当询问好这些问题后,设计公司就要开始着手进行思维整合和市场调研,对品牌进行预估,并且提供初期设计方案。但是,也有企业希望按照自己的期望和设想让设计公司出方案。所以,对于这些问题,需要在采访时进行必要的提问,这样能让设计师更容易了解客户的需求和愿景,特别是喜欢哪种设计。因为多数客户在形容对企业标志设计的期许时都是一种很模糊的描述,很难具象地陈述。并且大多数时候的描述都是矛盾的,比如:低调奢华的闪耀、简约不简单、张扬并且有低调的品位、法式浪漫温情等。对于一部分客户来说,他们不太清楚自己想要表达的是什么,因为每个人对企业形象设计里 VI 视觉设计的想法都是不同的,对同一个画面的描述和理解也各有差别,并且这样的情况会经常出现。因此,当设计师依照客户所描述的形象去设计后,上交的提案常常会被客户全部否决,并且说这不是他们想要的设计感觉及风格,如此反复设计,增加了很多时间成本和人工成本。因此,设计师在初期接触客户的时候要仔细询问客户希望在品牌标志形象中突出哪些企业特征,比如:企业名称、图形演绎、意境传达、理念表述。如果是更改以往的旧品牌形象,还要询问需要是补充性小改动的设计还是颠覆以往的全新设计。在询问的时候要时刻注意观察客户的眼神和表情,描述的语言和肢体动作,这些都能帮助我们了解客户最终想要什么。这个时候,比较有效的经验是给客户提供一些成功的案例和不同设计风格的企业标志,让客户去选择喜欢的设计风格。这样会让设计工作减少很多不必要的弯路,增加工作效率。

案例 7-2　朵唯女性手机的企业形象设计前期策划案例

朵唯是一家集手机研发、生产、销售、服务为一体的高科技企业。秉承让女人更美丽的品牌理念,关注现代女性对爱、美、尚、家的多元化追求,用心制造出专属女性手机产品。每次都为用户带来特别的产品设计和关爱女性生活的功能设置,符合现代消费者的消费心态。

在制定这样的企业战略方案前,朵唯公司做了大量的市场调研,制定了销售策略和企业形象的把控。从客户心理需求出发,做了大量的市场调查,并最终将这些调查结果形成了清晰明确的数据形式,对产品的定位做了客观稳健的分析。与此同时,企业还从多方面、多角度对同类产品从品牌分布结构、区域市场结构、产品构成结构、价格指数和均价走势等方面进行系统比较,将各类品牌的手机进行评估,制定出一套适合朵唯产品的销售策略和企业形象设计(见图 7-22)。

图 7-22　朵唯品牌标志和产品海报(图片来源:朵唯官网)

案例解析:

企业形象战略的前期策划最重要的是要找准企业的形象定位,怎样去塑造公司形象，制定发展目标，对同类产品进行比较分析等这些都是需要考虑的因素。

（三）确定目标客户群体

确立目标客户群体其实就是确定产品的市场销售要卖给谁，有明确的销售目标，才能更加贴近消费者，更好地说服他们去购买产品及服务。这样也会给企业带来更加可观的经济利益，而对于消费者而言，也有很多好处。一方面，可以减少寻找产品的时间和精力，少跑冤枉路；另一方面，企业也会为目标客户指定更多他们所需要的商品，相对集中的选择，方便实惠。同时，还要调查目标客户人群的消费心理和消费习惯，针对他们指定相对应的设计方案。

例如，方太厨具，从1996年到2013年，方太走过18年历程。在此过程中，方太明晰了自己"嵌入式厨房电器专家"的定位。并以此为标准调整产品结构，大刀阔斧地砍掉与定位不相符的产品线。另一方面，方太也不断丰富"嵌入式厨房电器"的定位内涵。2010年，方太与特劳特（中国）战略定位咨询公司开展合作。特劳特战略定位团队给出了建议：方太，中国厨电专家与领导者。

中国卖得更好的高端吸油烟机，不是洋品牌，而是方太，因为方太专业。这就意味着方太要放弃中端厨电市场，聚集于高端厨电，而当时的方太在中端厨电市场占有一定的比重。经过一番权衡利弊后，方太总裁茅忠群力排众议，决定专注高端厨电。企业将所有的核心资源扎扎实实地投入创建高端品牌的关键领域，构建企业持久竞争优势（见图7-23）。

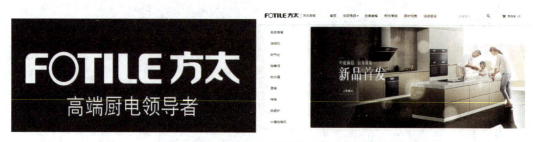

图7-23　方太企业标志及官网首页设计（图片来源：方太电器官网）

后来的事实证明，在放弃中端市场的情况下，专注于高端厨电定位的方太整体销售业绩仍然高速增长，一举确立"中国高端厨电专家与领导者"的行业地位，并成功地开启了中国厨电产业在高端市场的商业新空间。多年来，方太几乎囊括了所有第三方权威机构品牌调查的第一名，足以证明方太品牌的地位并不是自封的，而是千万消费者一致的首选品牌。数据显示，在刚刚过去的前三季度里，方太以45.3%的零售量和45.2%的零售额双双位居高端吸油烟机市场榜首，两项指标均比第二名高出十多个百分点，遥遥领先行业。

（四）确定设计方向

询问好问题，给客户浏览不同设计风格作品，做好前期市场调研分析后，最终确定客户的需要目标。例如某企业想把品牌标志做的和大部分同行业相近似的设计；或是颠覆传统的图形设计；或者强调民族风格的设计；或是接近国际风格的设计，确定好了设计的方向，才能帮助客户按合同指定的时间设计出满意的作品。

案例 7-3　"诺雅电动车"品牌定位

诺雅电动车采用锂电池,比普通自行车更轻便舒适、安全,它风阻系数小、携带方便。车架根据桥梁工程学、空气动力学、人体力学设计,倡导以人为本的设计理念,造型美观、前卫,符合现代工业美学。诉求要点:运动时尚、性能好、价格适中。

一、市场定位

为了迎合政府"低碳、环保"的价值理念,电动车成为广大市民的首选交通工具。各品牌的电动车有许多,如绿源、小刀、小鸟等。而在这么多品牌的车中,怎样才能让消费者去认识诺雅电动车,只有提升企业的知名度和品牌形象。

二、产品定位

诺雅电动车是目前全球最轻最小的一款可折叠高磁动力自行车,可作为礼物送给女友、小孩、父母。镁合金(宇航材料)车架,整车仅重9千克。拎到手上,连手无缚鸡之力的人都可以轻松携带。折叠后放入拎袋更可随身携带至任何地方,诺雅给消费者带来方便快捷的同时更令其自信心倍增!节能环保的锂电池,PU避震,Logo遥控按钮。开创了电动车"可随身携带"的神话!诺雅电动车代表时尚,快捷和运动,而且价格实惠。因此诺雅电动车主要定位在追求时尚、有活力的年轻人和务实的中低收入者(见图7-24)。

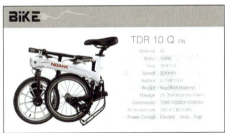

图7-24　诺雅电动车标志及产品展示(图片来源:诺雅电动车官网)

三、价格定位

诺雅电动车主要定位于中低收入者、刚刚步入社会的学生和广大的在校大学生。因此产品的价格定在适合广大中低收入者的水平上。

四、消费者对产品的认知和态度

电动车行业是一个朝阳产业,每年产值增长超过100%。电动自行车将成为我国老百姓主要的代步工具。由于国内汽车行业的发展,交通拥堵已经成为一种常态,所以消费者越来越多的愿意选择出行方便、省钱环保的电动自行车作为日常的交通工具,近些年来,电动自行车的销量一直在攀升态势,特别是南方地区,市场非常宽广。消费者认同度也极高。

中低收入者:目前有许多中低收入者,主要购买电动车。刚刚走出校园的毕业生:各个城市每年都涌现出一批毕业大学生,他们还没有收入或者收入较低,是电动车市场主力军。在校大学生:这一群体虽然没有收入,但是他们有一颗追求时尚的心,因此时尚电动车成为他们的首选。对于这样一个清晰的产品定位,设计师就更容易明确设计思路和设计方向,为企业制定出适合的视觉形象设计,并在同行业品牌中快速占领市场。

(资料来源:文章节选自豆丁网 诺雅电动车营销策划推广方案)

二、开发目标定位

当我们和企业进行一系列询问和明确诉求方向后,就可以指定开发目标定位了。定位是消费者心目中将一个品牌和其他品牌区分的过程。消费者面对众多的选择,恰当的产品定位会让品牌在一个饱和状态的市场中打开新天地。凯文·莱恩在《品牌定位》一书中强调:"优秀的品牌定位让消费者满意,通过品牌来呈现,在竞争中独树一帜"。

(一)开发品牌的优势

获取企业产品服务的基本资料,以便全面了解企业产品的优势,在同行业中产品所占的份额。同时还要对产品的属性和优势进行评价,从而提炼出品牌的产品优势。现在很多企业希望自己的品牌在众多品牌中脱颖而出,让消费者眼前一亮,采用了很多新颖的手段博得大家的眼球。比如:起一个让人难忘的企业名称;设计一个别具一格的企业标志;建立一个简短易记的企业口号等来强调企业产品的优势和特点。

例如58同城的企业宣传口号是"这是一个神奇的网站",让大家了解企业的服务多种多样,只有你想不到的,没有企业涉及不到的;格力是中国首屈一指的民族品牌,在品牌定位时就强调质量,掌握核心科技的格力品质。最新宣传语"让世界爱上,中国造",体现出格力过硬的产品质量和高效的服务,让国人为之自豪(见图7-25)。

图7-25 58同城、格力电器品牌标志(图片来源:标志情报局)

(二)建立共享品牌的共同点

建立企业品牌的产品共性,展现品牌所属类别,淡化品牌之间的差异化。下图的两个调料品牌,对比一下这两个调料产品的包装和标志,不难看出企业淡化品牌差异性的诉求(见图7-26)。

(三)开发品牌的"奇点"

随着时代的快速发展,许多企业特别是小型创业型企业在品牌定位上往往剑走偏锋,制定出其不意的路线,打破传统,颠覆以往的观念,开发出与大众以往认知不同的品牌,在竞争品牌中脱颖而出。这种属性是同类品牌竞争对手不能提供的,或是以往没有的,从而建立一种强烈的品牌优势。

图 7-26　梅花味精、莲花味精产品标志及包装设计（图片来源：淘宝商城）

例如，"BANANA BARBER 香蕉男士理发馆"美发品牌，主打的就是男士剪发及高颜值、硬汉感十足的美发技师，将目标人群定位在高端的男士消费人群，并在宣传高颜值技师剪发技艺的同时，也将品牌定位成一个有品质、有品位的美发场所，带领一种消费时尚（见图 7-27）。

图 7-27　香蕉男士理发馆标志及店面展示（图片来源：大众点评网）

（四）开发品牌与消费者角度定位

这种定位的出发点是从品牌使用者角度出发，设计出一个品牌的立足点，将品牌和用户联系起来，直接表达出品牌产品和服务对象是谁，排除其他消费群体。传达出品牌产品与客户相关的利益，使用该品牌产品给客户带来何样的使用感受。

例如，8848 手机在品牌宣传时就将产品定位在社会高端人士，展现了使用者的尊贵身份和品位（见图 7-28）。或是从购买品牌产品人的目的出发定位产品，是要解决某些问题、送亲朋好友、亲民的价格、同类产品里性价比高等。这些都是消费者购买产品时所要考虑的，企业可以从消费者角度去定位自己的产品，推出一个能让消费者青睐的购买点。例如，脑白金的产品定位就是孝敬爸妈的首选礼品，送礼只送脑白金。

三、品牌分析规划

当我们掌握了品牌设计的诉求、目的、定位后，就应该着手对企业进行一系列的品牌分析，并给予一个详细的规划方案，进行初稿设计。在完成这些工作之前，还要对品牌进行一

图7-28 8848手机网页展示（图片来源：8848官网）

个分析规划。这是设计工作开展前一个很重要的部分,是针对之前的所有工作的一个梳理,提取一个清晰的工作思路。在对品牌理解的深入了解做出一个初步设想后,还要和企业经营决策者的思想达成一致,再将之前的碎片化信息整理出一个分析简介。最好能列出一个简介的图表。这样的在日后的讲义中可以形象生动地体现出工作成果,效果好,简单直接。比枯燥繁杂的文字看上去要有趣得多,也更容易得到客户的信任。首先要对品牌的愿景、使命、企业品牌精髓做出一个总结,之后对品牌日后经营发展方向进行定位。就是:我们是做什么的、想怎么做、能到什么样的程度;其次,对品牌的价值、目标受众、核心市场做出一个分析,从而找出自己品牌的竞争优势及主要竞争对手的优势,做出一个科学理性的数据对比,规划如何在同类品牌中脱颖而出。即:产品价格、对手的价格、打算卖给谁、我们的优势是什么;最后,对品牌的视觉形象制定初步设计方向,视觉部分规划前还要注意以下几个问题:品牌要如何投入市场,预计吸引什么人群、是否需要连锁加盟、是否是直营销售、宣传方式是什么等等,这些都是设计之初就要考虑的。只有理清了这些问题,才能设计出适合企业的视觉设计,达到预期效果。

四、企业设计预算

设计预算其实是在和品牌企业洽谈之前做的,即企业找到品牌设计公司,提出设计诉求和要设计公司提供一个什么样的服务,在整理出要解决的问题后,设计公司给出一个价格。品牌企业再研究是否要接受设计公司的服务。

当今的社会,越来越多的企业认识到企业品牌形象设计非常重要,有的企业不惜花大量的资金和精力去完成这个工作。一些国际知名的品牌设计团队或是设计公司报价基本在几百万元以上,甚至更高。之前提过的美孚品牌,仅仅一个标志的设计就花费巨资。但是对于大多数企业来说,这样的巨额设计费会令其望而却步。一些小的创业型企业,更是拿不出这么多资金做设计。所以,针对不同的地区和企业,设计公司的报价也是不同的。设计市场上,收费较高的是4A广告公司,这样的公司一般接手的企业都是大中型企业,设计团队非常专业,在国内外都享有很好的声誉。但是,对于资金不多的企业,选择广告公司的也很多。对于现在的设计市场来说,CI的整体设计费用为20～50万元。也有一些企业只需要制作VI部分,价格在3～20万元(以上为参考价格,实际报价需要根据不同的企业、地区、不同的设计公司制定）。

近些年，随着自主创业时代的到来，有一些小微企业，尽管运营资金非常有限，依然渴望创出自己的品牌和企业形象，所以也会找到设计公司，设计企业标志和一些应用设计，设计公司也会针对这些小微企业制订出简易的企业形象设计方案，当然，价格也会更加合理，这种设计趋势在最近几年非常受欢迎。所以，设计师们不要总怀有固有的思维，还要迎合市场的需求。图 7-29 所示为某设计公司的 VI 设计报价单。客户可以根据实际需求进行设计选择，最后进行设计费用核算。

1	1：企业标志设计	¥7,000.00	
2	□ 企业标志及标志创意说明	¥2,000.00	
3	□ 标志墨稿	¥500.00	
4	□ 标志反白效果图	¥500.00	
5	□ 标志标准化制图	¥800.00	
6	□ 标志方格坐标制图	¥800.00	
7	□ 标志预留空间与最小比例限定	¥400.00	
8	□ 标志特定色彩效果展示	¥2,000.00	
9			
10	2：企业标准字体		
11	□ 企业全称中文字体	¥500.00	
12	□ 企业简称中文字体	¥500.00	
13	□ 企业全称中文字体方格坐标制图	¥1,000.00	
14	□ 企业简称中文字体方格坐标制图	¥1,000.00	
15	□ 企业全称英文字体	¥500.00	
16	□ 企业简称英文字体	¥500.00	
17	□ 企业全称英文字体方格坐标制图	¥500.00	
18	□ 企业简称英文字体方格坐标制图	¥500.00	
19			
20	3：企业标准色（色彩计划）		
21	□ 企业标准色（印刷色）	¥1,000.00	
22	□ 辅助色系列	¥500.00	
23	□ 下属产业色彩识别	¥500.00	
24	□ 背景色使用规定	¥200.00	
25	□ 色彩搭配组合专用表	¥800.00	
26	□ 背景色色度、色相	¥500.00	
27			
28	4：企业造型（吉祥物）		
29	□ 吉祥物彩色稿及造型说明	¥4,500.00	
30	□ 吉祥物立体效果图	¥1,000.00	
31	□ 吉祥物基本动态造型	¥1,000.00	
32	□ 企业吉祥物造型单色印刷规范	¥1,500.00	
33	□ 吉祥物展开使用规范	¥2,000.00	
34			

图 7-29　VI 设计标价（图片来源：长春邑城文化传媒）

35	5：企业象征图形	
36	□ 象征图形彩色稿（单元图形）	¥600.00
37	□ 象征图形延展效果稿	¥1,000.00
38	□ 象征图形使用规范	¥700.00
39	□ 象征图形组合规范	¥700.00
40		
41	6：企业专用印刷字体	
42	□ 企业专用印刷字体	¥2,000.00
43		
44	7：基本要素组合规范	
45	□ 标志与标准字组合多种模式	¥1,000.00
46	□ 标志与象征图形组合多种模式	¥1,000.00
47	□ 标志吉祥物组合多种模式	¥1,000.00
48	□ 标志与标准字、象征图形、吉祥物组合多种模式	¥1,000.00
49	□ 基本要素禁止组合多种模式	¥1,000.00
50		
51		
52	应用设计系统（费用明细）	

图 7-29（续）

第三节 市场调研

市场调研是一件为了提高品牌地位和解决品牌存在问题而系统、客观地收集分析信息数据的工作，一个客观正确的市场调研结果能够让企业规避日后可能会出现的一些销售困境，帮助企业根据实际情况定制一个合理的品牌策略方案，以起到运筹帷幄的作用。

一、市场调研的必要性

品牌的代表不仅是产品及服务，同时也是企业的招牌、形象的缩影。那么企业的发展方向要如何定位、同行竞争对手的市场表现如何等。这些信息都需要通过市场调研来取得，在调查中，我们可以发掘出很多有用的信息：

（1）产品知名度是多少？
（2）消费者的产品需求是什么？
（3）同类产品的企业形象如何？有哪些共同之处？
（4）消费者理想产品状态是什么？
（5）消费者选择产品的原因是什么？消费习惯是怎么样？
（6）消费者对产品的期待价格定位是什么？
（7）消费者对同类产品印象深刻的品牌有哪些？如何记住它们等。

这些调研结果的挖掘都会让企业对产品有一个更准确的定位，这样才能使企业有一个明确的发展方向并找准市场机会，使品牌立于不败之地。同时，企业的价值评估也是通过市场调研的数据进行评测的，通过科学的抽样调查方法，通过消费者及零售商、批发商去了解产品市场占有率的情况,因此市场调研在品牌发展中起到的作用不仅是对于企业前期了解市场,同时也对企业后期的宣传定位起到关键的作用。

市场调研对企业的重要性主要表现在:首先,市场调研是市场营销运营的出发点。产品策略、价格策略、促销策略、流通策略构成了市场营销活动的四大支柱。而市场调研是先导,产品策略、价格策略、促销策略、流通策略必须以市场调研为出发点。这一方面说明了市场调研的重要性,同时也说明了只有市场调研能为产品策略、价格策略、促销策略、流通策略等提供决策依据;其次,市场调研有助于企业营销管理目标的实现。市场营销管理的主要任务,就是要发现消费者的需求,捕捉市场机会,并制定与之相适应的营销策略和计划来满足消费者的需求。换句话说,就是发现营销问题和解决营销问题。而其成功与否,在很大程度上有赖于市场调研活动的开展。同时,以下因素的影响将使市场调研的重要性更加突出。

首先,来自市场。一方面市场将愈加成熟,增长的空间狭小。在很多行业、很多产品种类中,市场占有率的竞争越来越激烈,这在某种程度上将改变市场调研的方式与目的;另一方面,市场的迅速变化发展,将使企业进行更加快速的市场调研,市场调研计划也须更加完善。其次,来自产品。新产品更新换代的速度越来越快,在带来利润之前,新产品在上市后的三年内失败的可能性越来越大。因此,企业离开市场调研,就很难得以生存,尤其是正在成熟的市场中。此外,还表现在新产品失败的代价将会更高。这就迫使管理人员将通过调研来帮助减少日益增加的广告成本、开发成本、管理成本等。最后,消费行为的多变性,消费者变得更加精明和富有经验。然而,在提到了市场调研重要性的同时,也应该认识到市场调研局限性的存在,如并非所有信息都可以通过市场调研获得,市场调研不是万能的;企业仅仅根据市场调研进行决策和生产时,有时难免要迟到一步,可能会有一些不适应性;市场调研获得的信息并不一定都是真实的,其结果也并不一定公正;此外,在大多数市场调研中,由于受到抽样方法及人为原因等一些主观、客观因素的影响,都会存在一定程度的误差。

因此,企业在开展市场调研时,应该对市场调研有一个比较清楚的认识:随着企业竞争的加剧、消费者行为的多变,使得市场调研的重要性更加突出;同时,企业竞争的加剧、消费者行为的多变,也使得人们对信息的需求不断膨胀,而仅仅通过市场调研活动有可能使企业随波逐流,提供与其他企业相同的产品和服务。这就要求通过创造性的市场调研,满足多元化的信息需求,使企业准确、及时地把握信息并制定相应的营销策略。

海尔家电成功走进美国市场

1999年4月30日,在美国南卡罗莱纳州中的一个人口为8000人的小镇坎姆登,举行了海尔投资3000万美元的海尔生产中心的奠基仪式。一年多以后,第一台带有"美国制造"标签的海尔冰箱从漂亮的生产线走下来,海尔从此开始了在美国制造冰箱的历史,海尔成为中国第一家在美国制造和销售产品的公司。1998年、1999年中国出口美国的冰箱分别为4718万美元和6081万美元,其中海尔冰箱分别占1700多万美元、3100多万美元。据统计,在美国建一个冰箱厂的盈亏平衡点是28万台,海尔现在的冰箱出口已经远远超过这个数字。

另据统计,目前在美国180L以上小冰箱的市场中,海尔已占到超过30%的市场份额,在美国 200L 以上的大型冰箱被 GE、惠尔浦等企业所垄断；160L 以下的冰箱销量较少,GE 厂商认为这是一个需求量不大的产品,没有投入多少精力去开发市场,然而海尔发现美国的家庭人口正在变少,小型冰箱将会越来越受欢迎,比如独身者和留学生就很喜欢小型冰箱(见图 7-30)。

图 7-30　海尔集团企业标志（图片来源：海尔集团官网）

美国营销专家科特勒说：海尔战略的另一个部分是对消费者群体的定位很正确,它针对的是年轻人。老一代习惯使用像 GE 这样的老品牌,年轻人对家电还没有形成任何习惯性的购买行为；因为他们刚有自己的公寓或者正在建立自己的第一个家,买自己的第一台电冰箱。所以,定位于年轻人是明智的决策。从海尔最初向美国出口冰箱到现在短短几年的时间里,海尔冰箱已成功在美国市场建立起自己的品牌。2003 年零售巨头沃尔玛连锁店开始销售海尔的两种小型电冰箱和两种小型冷柜,并同海尔签订了再购买 100000 台冰箱的协议。目前,海尔在美国最受欢迎的产品是学生宿舍和办公场所使用的小型电冰箱。这类产品的市场占有率是该型号冰箱的 25%,海尔在卧室冷柜方面也取得了成功,该产品在美国同类型号中的市场占有率为 1/3。

案例解析:

可见,市场调研对企业来说多么重要,它可以帮助企业做出准确的市场定位和预判到未来产品的发展趋势,那么市场调研是如何进行的呢？都有哪些市场调研手段？

二、市场调研的准备

市场调研时收集、评估、解读消费者对产品、服务或品牌喜好的数据过程。研究消费者的消费态度、行为从而预判未来的消费发展方向,以确定企业的未来发展方向和产品定位。有效的市场调研会让企业更好地适应市场和消费者的需求,使企业立于不败之地。

（一）市场调研的目标

充分明确一项市场调研项目的目标是确保项目成功的关键。当一个用户提出一项市场调研的需求时,他所提出的需求并不一定就是整个市场调研的核心和目的,需要弄清其需求的实质和关键,分析需要与可能,把用户的需求转变成为真正的市场调研目标,通常这种转变要经历调研任务、调研问题和调研目标等过程。要从大到小,从抽象到具体,从整体到局部地逐步分解,将调研任务转换成一个个待解决的问题,按每个调研问题具体化为一个个可以着手解决的目标,深入地与委托者沟通,尽一切可能摸清委托者的真实想法是制定调研目标的关键因素,不同的委托者受其文化背景、政治背景、工作背景等的影响在具体委托工作过程中有很大的差异。因而,在制定调研目标时,一般遵循以下步骤:为何要调研?想知道什么?知道了之后有何用处?谁想知道?向谁说明?

(二)初步调查

在确立了调研目标以后,需进行初步调查以落实目标制定的可能性与可达性。可能性包括对本部门、本地区的技术和资源条件、资料条件以及研究力量的调查与分析。可达性包括关键的相关资料、数据是否能够获得,或可能通过何种途径获得。初步调查需用一定的时间阅读有关的数据库、核心期刊及同类的产品市场调研报告。依靠有经验的调研人员对项目目标的可能性和可达性进行分析。必要时也可初步咨询相关的专家和行家,以便进一步确定项目的目标,对于一些不可达的目标,应与委托者讨论、研究,以另一目标替换或删除。

(三)方案选定

在实施调研项目前,必须研究确定一套最佳的实施方案,即用最低的成本、最少的人力、投入最短的时间有效地达成全部调研目标。在实施方案中需有机地将调查策略、研究方法、人员安排、经费投放、时间进度等计划周详,形成一个可操作和可执行的操作。方案调查策略的制定是一项经验性和技巧性甚高的工作,对于同样一个目标,由于调查策略不同,可能会造成人力投入、经费投入、时间进度的大大不同。

(四)人员的组织

根据项目实施方案的需求,确定本单位项目组。项目组长必须由富有经验和组织领导才能的人员担任。根据项目实施需求,配备各类不同职级的研究人员或调查人员,组成项目组。根据项目要求及本单位人员的素质情况,可充分利用外界的人力资源以对项目的实施提供帮助,如聘请或咨询相关行业的专家,聘请兼职访问员和调查员,聘请数据录入与处理人员等。

(五)经费预算

调研费用应根据调研工作的范围、难度等确定。一般情况下,经费预算包括如下内容:
- 人员工资统计费
- 问卷设计费
- 报告制作费
- 差旅费
- 杂费
- 交际费
- 管理费
- 调查费
- 利润核算

(六)项目计划书

以上准备工作完成后,要拟定项目计划书,作为项目合同的附件,项目计划书的内容如下:
- 调研目的
- 调研内容
- 预期目标
- 实施方案
- 项目进度
- 项目成员及分工
- 项目经费预算

三、市场调研的方法

市场调研分四个步骤:一是明确调研目的、内容和对象。二是制定调研的方法和策略。三是进行实际调研。四是调研信息的回收与整理。其中方法和策略的制定比较关键。如果调研方法及采用的策略与众不同,往往会收到事半功倍的效果。

（一）问卷调研

问卷调研是收集信息常用的方法，分为电子问卷和书面问卷两种，书面问卷是传统的调研方法，目前仍被大量采用。市场调研收集信息具有共享性、及时性、便捷性和客观性。对访问者反馈回来的信息进行整理和分析即可。为鼓励被访者积极参与，可采用以下策略，给予被访者奖品或者有价值的信息来吸引受访者的关注。

需要注意的是，问卷调查的问题不能过多，否则会引起受访者的不满，越多的问题在回答的时候受访者就越容易失去耐心，降低信息的客观性和可信度。微软公司从建立公司之初就开始每年进行有奖问卷调查，询问人们对计算机的需求和希望计算机能帮助大家完成什么样的工作等问题进行询问，从而进行产品优化，通过问卷得到的信息，让微软公司看到因特网的潜力，制定出了攻占因特网市场的决心，并取得了巨大成功。

（二）网络调研

互联网为高效开展市场调研提供了良好的基础条件，因此开展网络市场调研也就成为近些年出现的主流调研形式，由于网络调研具有成本低、问卷回收效率高、调查周期短等方面的优势，合理利用网络调研可大大提高工作效率。

1. 网上搜索法

利用网上搜索可以收集到市场调研所需要的大部分二手资料，如大型调查咨询公司的公开性调查报告；大型企业、商业组织、学术团体、著名报刊等发布的调研资料；政府机构发布的调查统计信息等。

2. 网站跟踪法

互联网每天都会出现大量的市场信息，即使强大的搜索引擎，也不可能将所有信息都检索出来，而且有很多有价值的信息不能随便检索到，作为市场调研的日常资料收集工作，就需要对一些提供信息的网站进行定期跟踪，对有价值的信息及时收录。

3. 邮件问卷调查

使用邮箱将调查问卷投递给受访者，邮件具有传播范围广的特点，可以向数十万的用户迅速传递消息，企业可以通过网络调查问卷的方式了解人们的需求和收集资料（见图7-31）。

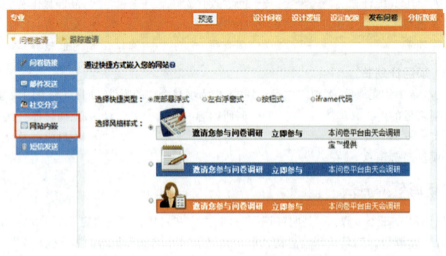

图7-31　邮件问卷样式（图片来源：问卷星）

4. 在线调查

在线调查是获取第一手资料最常用的调研方法,在企业网站或其他合作的网站上设置调查表,访问者在线填写并提交到网站服务器。在线调研法广泛应用在各种内容的调查活动中,其实也是线下调研问卷方法在互联网上的延伸,如中国互联网信息中心每年进行二次网上问卷调查,其目的是为了发布具有权威性的中国互联网络发展状况统计报告(见图 7-32)。

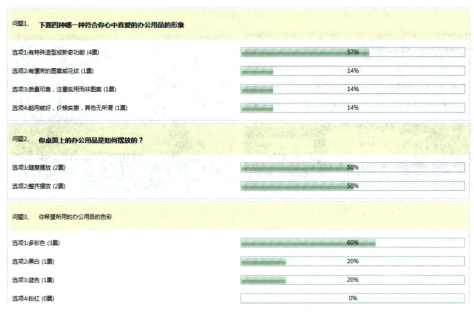

图 7-32　某 IT 公司办公用品使用在线调查表(图片来源:问卷星)

5. 网站访问者的抽样调查

利用一些跟踪软件,按照一定的抽样原则对某些访问者进行调查,类似于传统方式里的拦截调查。例如在某一天或几天的某个时段,在网站主页上设置一个弹出窗口,其中包含调查问卷的设计内容,或者在网站的主要页面的显著位置放置调查问卷,请求访问者参与调查。另外,也可以对满足一定条件的访问者进行调查,这些条件可以根据自己的要求来设定,比如来自于哪些 IP 地址,或者是哪些网站的访问者。

(三)现场调研

由专业的调查人员到街头巷尾,或者是指定的地段针对不同的人群进行调研。1987 年,美国肯德基炸鸡公司为开拓北京市场,采用现场调研的方法做了一次别开生面的市场调查,其主要做法是聘用当地商学院的学生,以免费品尝的策略征求中国顾客的意见。

肯德基公司在北京设置免费品尝点,布置优雅大方,让人有"宾至如归"之感。服务更佳,有衣冠楚楚的男士引领就座。有洁白毛巾,有苏打饼干、白开水帮助消除口中"异味",当然有人即时送上餐品。这一切如同流水线作业法。在品尝中,会有清脆的女声问你"您觉得这鸡做得老了还是太嫩""表皮是否酥软""胡椒味轻重如何"以及佐料添加等许多很细致的问题。

随后又就价格发问"您看这价格贵了还是便宜"得到满意回答后,还问顾客餐厅如何设计比较好。诚然并不是每个顾客都懂设计,但是该公司又将大本彩色画册给消费者展示各种不同风格、色调和座位的店堂设计,同时调研人员又不"穷追不舍"地进行询问。聊了一会儿后谈些北京的名胜古迹。其后,再话锋一转,又绕到所要咨询的事情上来"您看这店开在哪儿好"。最后,还不忘请您留下地址、职业、收入、家庭等资料,然后她又绕到本题上"像您这样的先生,一星期会光顾几次""您是不是愿意和夫人一起光顾"等调研项目可谓周详细密,但不超过多分钟,代价也就是一份炸鸡外加一份饮料,就获得了所需的全部信息,此次调研为该公司年在北京开店提供了第一手资料,如图 7-33 所示。

图 7-33 图为 1987 年中国第一家肯德基开业照片(图片来源:深圳热线网)

1. 跟踪调研

日本九州大分县有一家百货公司叫常馨百货公司,它的顾客来自全县各地,由于路途遥远,这些顾客为了不忘记需购的物品,常要把买的东西写在纸条上,用后扔掉。该公司经理指派专人收集这类丢弃的废纸条,并根据这些废纸条上所记的物品分析顾客需要什么;对某类商品的需求集中在什么季节;顾客在挑选商品时如何进行搭配等问题。

这种变废为宝的调研策略使公司掌握了顾客的需求。此外,该公司经理常常去乘顾客专用电梯,悄悄听取顾客在闲谈中透露出的对公司经营、商品质量的意见。在经理带领下该公司职工也十分注意随时了解顾客的需要,公司由此制订合理的订货计划。因此,常馨公司生意一直兴旺发达。

面对纷繁复杂、变幻多端的市场,任何企业要在竞争中处于有利地位,必须随时跟踪市场变化,把握市场发展趋势。只有切准市场脉搏才能在商战中立于不败之地。市场调研是获得信息的手段之一,制定出合适的调研方法和策略有利于信息收集的完整性、综合性和超前性。市场调研方法及策略多种多样。采用何种方法,运用哪些策略,主要取决于企业的实际能力及对信息的要求。

上述几家企业所采用的方法和策略各不相同。肯德基采用的是口头调研,采用免费品尝的策略有助于吸引顾客,口头方式灵活生动,信息面广。常馨采用的是笔头调研模式。因为,信息的收集不可能一劳永逸。新的产品,新的潮流不断出现会改变顾客的需要,所以,要对市场调研的结果经常重新评估,以找出新的规律和潮流。

2. 焦点小组

由一个经过训练的主持人与一个小组被调查者交谈,主持人负责组织讨论。小组座谈法的主要目的是通过倾听一组从调研者所要研究的目标市场中选择来的被调查者,获取对一些有关问题的深入了解。这种方法的价值在于常常可以从自由进行的小组讨论中得到一些意想不到的发现。焦点小组会挖掘出与品牌有关的信息，通常是采用聊天或视频的形式来呈现。

3．神秘购物

受过训练的神秘购物者会以消费者的身份匿名光顾商店和服务场所，通过自身的消费过程评估购物体验、销售能力、专业程度、售后服务和整体满意度。

4．一同购物

研究人员和消费者一同购物，从而观察其购买决定是如何做出的。通过实际的购买过程分析消费者的购买动机及影响他们购物的因素，例如，外观、价格、促销方式、商标及销售渠道等。

（四）市场调研的大数据分析

大数据或称巨量资料，是指所涉及的资料量规模巨大到无法通过目前主流软件工具，在合理时间内达到撷取、管理、处理并整理成为帮助企业经营决策的资讯。交易数据、交互数据与传感数据是大数据的来源。其中，交易数据来自于企业 ERP 系统、各种 POS 终端，以及网上支付等业务系统；交互数据来自于移动通信记录以及新浪微博、人人网、网络社区、网络媒体的开放评论的社交媒体。传感数据来自于 GPS 设备、RFID 设备、视频监控设备等。

随着近年来企业信息化的日臻成熟、社会化网络的兴起，以及云计算、移动互联网和物联网等新一代信息技术的广泛应用，全球数据的增长速度之快前所未有。全球数据正以每年超过 50% 的速度暴发式增长。大数据具有数据量大、速度快、类型多、价值高、真实等特征。

大数据作为时下最火热的调研方法，因其可靠性成为近些年来企业争相追捧的调研方式。目前，医疗卫生、地理信息、电子商务、影视娱乐每天都有大量数据产生。中国大数据应用市场已然显露冰山一角，这也是现在许多企业乐于选择的调研方式之一。

大数据调研可以根据真实的交易、通信、交通、网络等数据，对特定人群进行有效的分析。现代社会是一个网络信息化的时代，越来越多的人依赖网络和线下支付方式去购买产品和享受服务。借助各种技术，商家可以捕捉消费者在商场或线下的购物习惯和购物特点，比如忠诚度、购买记录、购物时间等。

拥有成千上万客户的购物行为资料，企业便可以分析出哪些产品受大家欢迎，人们在购买时有什么疑惑和不满，从而对产品和服务进行有效的改进。图 7-34 为支付宝对 2016 年中国大学生消费指数的总体数据分析，我们可以根据这些数据看到大学生的消费主流方向以及消费水平，从而制定适合企业的发展方向。

市场调研的目的是企业要对未来的发展有一个清晰的定义，正确客观地研究客户的喜好和态度，了解客户在想什么，是如何选择产品外。以往传统的调研手段尽管也十分有效，但是存在很多弊端，如调研公司数据收集过程时间久，调研结果不够客观真实等问题。而大数据分析显然会客观很多，都是由真实的行为数据形成的调研结果，使得调研结果格外可靠。根据网络数据分析，企业可以通过大数据调研公司得知，某市哪个小区的人最喜欢点外卖，哪里的大学生最喜欢打车，哪个地域的人喜欢穿牛仔裤等，这些详细至微的数据都可以通过大数据调研得到，帮助企业分析行业领域的实际状态及剖析产业未来发展趋势。

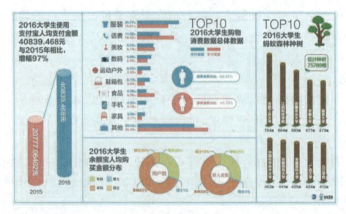

图 7-34　支付宝 2016 年中国大学生消费指数分析（图片来源：淘宝大学官网）

　　淘宝数据魔方就是淘宝平台上的大数据应用方案。通过这一服务，商家可以了解淘宝平台上的行业宏观情况、自己品牌的市场状况、消费者行为情况等，并可以据此进行生产、库存决策，而与此同时，更多的消费者也能以更优惠的价格买到心仪的宝贝。

　　基于大数据和人工智能的体验：当消费者打开淘宝时，每个人的页面是不一样的，这是因为后台基于海量的数据分析，主页会推送给客户感兴趣的产品和风格类似的货品，这样可以让品牌企业更加精准地捕捉到对应的客户群体，从而促进品牌的销售。对于服装企业来说也可以通过大数据分析，预判出消费者对服装款式的热门需求，提前制定订单需求，进行动态生产，减少工作时间，提高工作效率。图 7-35 所示为某企业做的服务差评数据分析。

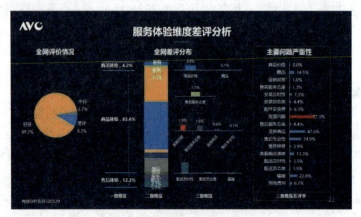

图 7-35　某企业服务差评数据分析（图片来源：问卷星调查网）

案例 7-5　吉列公司通过调研让妇女用上"刮胡刀"

　　男人长胡子，因而要刮胡子；女人不长胡子，自然也就不必刮胡子。然而，美国的吉列公司却把"刮胡刀"推销给女人，居然大获成功。吉列公司创建于 1901 年，其产品因使男人刮胡子变得方便、舒适、安全而大受欢迎。进入 20 世纪 70 年代，吉列公司的销售额已达 20 亿美元，成为世界著名的跨国公司。

　　然而，吉列公司的领导者并不以此为满足，而是想方设法继续拓展市场，争取更多用户。就在 1974 年，公司提出了面向妇女的专用刮毛刀。这一决策看似荒谬,却是建立在坚实可靠的基础上的。这一明智的举措改变了吉列公司的产品格局,而女士剃毛刀产品在如今的市场也是受到世界各国女性消费者的欢迎,如图 7-36 所示。

图 7-36　吉列公司出品新款的女士剃毛刀(图片来源:吉列旗舰店)

吉列公司先用一年的时间进行了周密的市场调查,发现在美国 30 岁以上的妇女中,有 65% 的人为保持美好形象,定期刮除腿毛和腋毛。这些妇女之中,除使用电动刮胡刀和脱毛剂之外,主要靠购买各种男用刮胡刀来满足此项需要,一年在这方面的花费高达 7500 万美元。相比之下,美国妇女一年花在眉笔和眼影上的钱仅有 6300 万美元,染发剂 5500 万美元。毫无疑问,这是一个极有潜力的市场。

根据结果,吉列公司精心设计了新产品,它的刀头部分和男用刮胡刀并无两样,采用一次性使用的双层刀片,但是刀架则选用了色彩鲜艳的塑料,并将握柄改为弧形以利于妇女使用,握柄上还印压了一朵雏菊图案。这样一来,新产品立即显示了女性的特点。

为了使雏菊刮毛刀迅速占领市场,吉列公司还拟定出几种不同的定位观念到消费者中征求意见。这些定位观念包括:突出刮毛刀的"双刀刮毛";突出其创造性的"完全适合女性需求";强调价格的"不到 50 美分";以及表明产品使用安全的"不伤玉腿"等。最后,该公司根据多数妇女的意见,选择了"不伤玉腿"作为推销时突出的重点,刊登广告进行刻意宣传。结果,雏菊刮毛刀一炮打响,迅速畅销全球。

案例解析:

这个案例说明,市场调查研究是经营决策的前提,只有充分认识市场,了解市场需求,对市场做出科学的分析判断,决策才具有针对性,从而拓展市场,使企业兴旺发达。

(资料来源:李世杰,刘全文.市场营销与策划[M].3 版.北京:清华大学出版社,2015.)

第四节　确立项目实施

市场调研是为了提高品牌地位和解决品牌存在的问题而系统、客观地收集分析信息数据的工作,一个客观正确的市场调研结果能够让企业规避日后可能出现的一些销售困境,帮助企业根据实际情况制定一个合理的品牌策略方案,让企业运筹帷幄。

一、方案可行性确定

（一）可行性测试

可行性测试是设计师、调研人员、销售团队用来开发和改善品牌或产品的调研工具。这种方式可以拓展到用户体验、购买等各个环节当中。和调研法不同，可行性测试是一个完整的用户体验流程。通过观察不同类型的消费者，品牌设计团队可以得到真实的用户体验并将其记录下来，查找出影响品牌销售的因素。企业可以改善其中的不足之处，在品牌和服务投放市场之前避免这些失误。

这样的可行性测试的好处在于品牌开发初期就将一些问题规避，提前解决一些设计问题和预判未来会发生的潜在问题，进而提升消费者的满意度，提升品牌的价值（见图7-37），而不是将品牌投放到市场产生不好影响之后再进行改正。

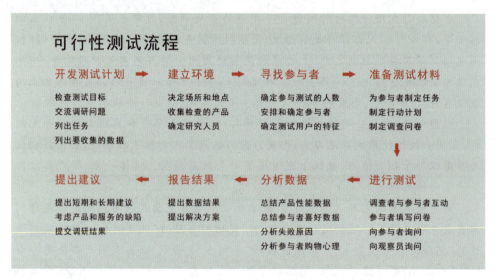

图7-37　品牌策略可行性测试流程图（陈荣华绘制）

（二）品牌可行性讨论

企业经过可行性测试后，可以依据报告结果再进行企业品牌会议讨论，通过市场调研报告及可行性测试报告的结果，总结出品牌形象和产品服务上的不足，并对其改善。明确企业品牌的自身优势和同行业竞争对手的优势，提取自身的不足，做好区别划分，即在视觉设计上做出特点，同时在产品服务上做出特色。

二、确立项目

一般情况下，市场调研是由设计公司拟出报告，但是也有一些实力雄厚的大型企业另外寻找调研公司做出详细而准确的市场调研报告和可行性测试报告书，这些都可以根据企业的需求变通。明确好品牌设计方向、优势及市场定位后，就可以开始确立设计项目了。针对企业产品及服务特征，进行品牌分析和评估。

- 拟写书面报告，提议品牌解决方案。
- 深入调研市场，拟定品牌的可行性发展战略。

- 设计一套可以表现品牌的视觉识别系统,使品牌与消费者有更大的关联。
- 提交品牌宣传的计划建议。

我们要注意的是,设计公司承接更多的是品牌的视觉识别系统设计部分,因此要提交更为详细的设计项目明细,特别是品牌视觉应用部分的设计,不同的企业所涉及的设计方向也不相同,需要和企业方面做好细致的沟通,避免一些不必要的设计。图 7-38 所示为果品企业的应用设计部分,企业的经营项目是鲜果产品,设计主要倾向产品包装设计。而图 7-39 所示是民宿客栈的企业形象设计,应用设计倾向客栈内消耗品的设计及本地特产的设计,两种品牌的应用设计各有不同。现在有很多小微企业也十分重视自身的品牌形象,企业规模较小,往往不需要太多的应用系统设计,所以设计师在项目制定时也要考虑到每个企业的特殊情况,进行个性化设计。

图 7-38　APPLES 果品企业应用设计(图片来源:花瓣网)

图 7-39　喜宿民宿应用设计(图片来源:花瓣网)

"蓝岛"在崛起

北京蓝岛大厦自1993年1月18日正式营业以来,在短短两年多的时间里,运用CI战略,在社会公众中树立了良好的企业形象,无论是社会效益还是经济效益都取得了很大的成绩。经济效益方面,蓝岛从刚开业的日均销售90万元,直至日均销售200多万元,最高达451万元。至1994年1月18日开业一周年时,全年销售额达到了5.8亿元,跃居京城10大商城第六位。社会效益方面,蓝岛获得了较高的知名度和美誉度,受到了各级领导和社会各界的广泛赞誉,成为首都人民所喜爱的购物中心之一(见图7-40)。

图7-40 蓝岛大厦外观(图片来源:本地宝网站)

一、导入CI的背景

1993年是我国社会主义市场经济迅速发展的一年,也是邓小平"南行讲话"之后企业大胆开拓进取的一年。从客观经济形式上来看,社会主义市场经济迅速发展,商业从传统的计划经济体制逐步走上了市场经济的正确轨道,并由卖方市场转变成为买方市场。从北京市商业的发展情况来看,百货大楼、西单商场等老字号市场依然雄风不减。亚运会以后,北京的商业发展迅速,随着西单购物中心、长安商场、赛特等一批新型商场的开业,给北京市消费者带来了耳目一新的感觉,使北京商业在观念上有了进一步的更新。也就是说,现代化的商业在经营布局、指导思想以及购物环境、服务方面都要有一个变化,要向国际水平靠拢。

从自身条件来看,蓝岛大厦属于区属企业,在强手如林的情况下,存在许多不利的因素。从地理位置看,朝外大街没有形成商业群体网络,还属于二类商业区,与王府井大街、西单地区等老商业区相比还有差距,在竞争上处于相当大的劣势。从自身人员来看,蓝岛大厦有2/3的职工没有商业经验,另外1/3的职工过去多在小商店工作,缺乏干大商场的经验,与一些新型商场比,人员状态不容乐观。另外,蓝岛大厦北有燕莎,南有贵友、赛特、友谊,西有隆福、东有鑫帝大厦,使蓝岛的未来发展面临着严峻的考验。

面对着挑战和期盼,蓝岛大厦的决策者在开业之前就已经在考虑如何在市场竞争中站住脚,如何能够取胜。经过多次研究,蓝岛人形成了一种共识,那就是企业的发展取决于能否独树一帜,能否搞出自身特色,不能走别人走过的路。在这一大思路的前提下,蓝岛大厦聘请了一些商业系统有着丰富经验的退休领导组成顾问团,为蓝岛出谋划策;同时,又聘请了大专院校的专家、学者为蓝岛的经营战略提供咨询。在大家的共同努力下,蓝岛大厦决定导入CI,运用CI战略,塑造蓝岛形象,以良好的形象在竞争中取胜。

二、树立形象

蓝岛大厦引入CI战略,确定以蓝色为基本色调,形成了店徽、店旗、店服、包装用品等统一的企业视觉识别系统。蓝岛大厦导入CI的第一步体现在蓝岛大厦名字上。"蓝岛大厦"的名字,不仅朗朗上口,而且充满了文化气息,体现了鲜明的时代色彩。

"蓝岛"的含义非常深远:蓝岛是一个不规则的多边形,酷似一座岛屿,外覆蓝色玻璃幕墙,具有海水般的颜色,"蓝岛"之名自然而生;蓝色象征蓝岛人宽广的胸怀,象征着蓝岛员工给予消费者满意的商品和温馨的服务;海中之岛,蕴藏着无尽的宝藏,预示着蓝岛永远繁荣富强。蓝岛的店徽、工装和各种办公用品、运输车辆等都有蓝岛的标识,即蓝白相间的徽标。同时还把它引申到商品布局中,商品布局主色调店徽淡雅,以蓝白相间为主。蓝岛还设计了带有文化氛围的环境及布局名称。当顾客进入蓝岛,首先感受到的就是生活情趣、文化修养、休闲娱乐为一体的享受空间。在一楼设有总服务台,大型电子屏幕交换着温情的问候和带有商业文化色彩的导向性商品介绍。售货员身着蓝色制服,整洁淡雅,话语间充满了文化味和人情味,被孩子们亲切地称作"蓝精灵"。无论是大厦的整体布局,还是各商品部的布局设计,都弥漫着浓烈的文化气息,供消费者品味。CI的导入与实施,树立了鲜明的"蓝岛形象"。

三、"蓝岛之魂"

蓝岛大厦在开业之初,就确定了"蓝岛"的经营目标,即"立足朝阳,面向首都,辐射全国,走向国际"。立足朝阳区是基本的,这是由蓝岛大厦所处的位置决定的。然后要面向首都,服务于首都千百万消费者,进而辐射全国,最终走向世界,向实业化、集团化、国际化迈进。为了达到这一目标,蓝岛大厦从经理到每一名职工,都会毫无愧色地说自己尽了最大努力。开业前夕,蓝岛人自己动手消除了上百吨建筑垃圾,将近千吨货物扛进6楼库房,而这些没有丝毫报酬。这些靠的是什么?蓝岛职工说得好:"人总是要有一点精神的!"蓝岛大厦的领导班子在开始就建立了正确的经营思想,形成了以情意精神为核心的一整套现代经营理念。

- 企业精神:亲和一致,奋力进取。
- 价值观念:在为事业奋进的过程中最大限度地实现自我价值。
- 企业宗旨:发掘人的进取意识,满足人的成就感。
- 企业风气:对企业有贡献的人将受到尊重,损害企业的人将受到谴责。
- 企业经营方针:商品以质取胜,经营以特取胜,环境以雅取胜,服务以情取胜,购物以便取胜,功能以全取胜。
- 员工信念:在出色的企业里工作光荣。
- 行为取向:企业的需要就是我们的志愿。
- 服务准则:微笑,真诚,迅速。

开业伊始,蓝岛人就创办了《蓝岛商报》,每期均有一篇主要文章诠释蓝岛的经营策略,均有全体员工奋斗的佳绩和战果。《蓝岛商报》不仅是联结上下左右的纽带,更是蓝岛大厦职工的行为导向。蓝岛人还创作了店歌《给世界的爱》及10首蓝岛之歌,如"每次当我从蓝岛走过"、"蓝岛情""要购物你就到蓝岛""相聚在蓝岛"等。商报和店歌使每个蓝岛人的心灵紧紧相连,融为一体,形成了充满文化气息的企业环境。

四、"蓝岛之情"

市场竞争是无情的,然而决定市场购买力的广大消费者是有情的,蓝岛人运用 CI 战略中的 BI,即企业行为识别系统,开展了一系列的情意服务。

(一) 礼仪小姐送温情

蓝岛大厦在 1993 年 9 月、10 月分别举办了"蓝岛文化购物节"。购物节期间,蓝岛大厦组织了礼仪小姐仪仗队,每周三、六日在开业前 10 分钟进行礼仪表演。表演结束刚好到大厦营业时间,礼仪小姐分别站在大厦的各个门口迎接顾客,使顾客还未走进大厦,已经接受了蓝岛职工的一片温情。

(二) 热心周到见真情

蓝岛大厦的开架售货率达 70%,这不仅方便了购物,更重要的是让顾客感到在蓝岛是被信任和被尊重的。遇到下雨天气,总服务台为那些来蓝岛购物而未带雨具的顾客准备了雨伞,没有借据,没有押金,服务台的同志客气地说一声:"您下次顺路时把雨伞带回来"。尽管雨伞的回收率只有 30%,但他们仍然坚持这一便民措施。顾客在便捷周到的服务中接受了蓝岛职工的一片真情。

(三) 敬老相助似亲情

蓝岛大厦热心公益事业。在"九九重阳节"之际,蓝岛大厦慰问了在朝阳区的百岁老人,并把 140 位年逾古稀的老人及街道老龄工作者请到蓝岛大厦,为他们献花、赠送纪念品,陪他们逛蓝岛。他们还主动为弱智和残疾儿童捐款,受到社会好评。蓝岛从开业之初就运用 CI 战略,通过多种措施广泛吸引社会各界关心"蓝岛"事业,塑造蓝岛良好的社会形象。

(四) 蓝岛之友联谊会

蓝岛大厦邀请文艺界、体育界的名人和新闻界朋友建立了"蓝岛之友联谊会",请他们到蓝岛联欢,向他们赠送优惠购物卡,听取他们对大厦目前工作和今后的意见和建议。这些名人对此很是感动。大厦有活动时,他们有请必到,并义务演出。

(五) 百名厂长、专家、名人站柜台

1993 年 9 月,考虑到企业的营销活动太单调了,都搞商品展销、联展,蓝岛就把营销活动与公关活动有机组合起来,举办了文化购物节。这期间,蓝岛组织了百名厂长、专家、名人站柜台活动。靳羽西女士曾亲临蓝岛化妆品柜台进行了美容咨询和现场签字售书活动;台湾地区演员寇世勋来到食品市场卖月饼。这些名人吸引了成千上万的观众,今日销售额直线上升。

(六) "蓝岛之邻"联谊活动

蓝岛没有忘记左邻右舍的朋友。他们邀请了居住在大厦附近的街道居民、看

自行车的大妈、交通岗的工作人员,举办了"蓝岛与您携手"——消费者联谊活动,感谢这些邻居对大厦工作的支持。这些朋友都说,我们是蓝岛的常客,我们还要把亲朋好友都介绍来。

(七) 蓝岛挚友联谊活动

蓝岛职工认真对待"顾客留言",不仅认真地研究、改进工作,还把给大厦提过批评意见的顾客邀请到蓝岛,向他们汇报蓝岛不断提高服务质量的情况,使消费者与蓝岛相互沟通,相互理解。

(八) 吸引顾客参与的征文和摄影比赛

大厦面向社会开展了"蓝岛发展之我见"征文活动和购物节现场纪实摄影比赛,顾客们踊跃参加。这些活动使蓝岛的知名度和美誉度迅速提高,也促进了蓝岛经济效益和社会效益的提高。

(资料来源:《经营管理者》2008年版2期)

本章主要讲授企业形象设计程序的要点,通过讲授设计构思与方法,帮助学生拓展设计思维,同时深入地了解与正确掌握企业调研的方法,并在实践中做到灵活运用,把握企业形象设计的思路。

1. 企业形象定位有什么好处?
2. 企业视觉结构与传播有几种形式?
3. 实训课堂:为上海贝利电器公司企业形象战略进行策划

背景:上海贝利电器公司是一家规模逐渐扩大的企业,为进一步加强企业影响力,聘请红绿蓝三人行广告公司为公司企业形象战略进行策划。

任务:了解企业形象策划设计要素,结合上海贝利电器公司的企业性质,体现出公司的经营理念、社会价值观等相关项目要求。

分析:公司的形象定位与发展战略目标密切相关。一个企业未来的发展目标决定了企业的规模,同时决定了企业未来的实力形象;公司的形象定位同这一公司的经营理念、社会价值观相关;准确的公司形象定位决定着公司形象塑造的方向和结果。而公司的经营理念与价值观,则是决定着公司形象的思想文化内涵。

参 考 文 献

[1] 杰伊·赫斯.时尚品牌VI设计创意集[M].赵东蕾,译.北京:北京美术摄影出版社,2015.
[2] Liz Farrely.品牌形象设计[M].张嘉欣,译.北京:电子工业出版社,2016.
[3] 善本出版有限公司.品牌设计之色彩主张[M].北京:人民邮电出版社,2017.
[4] 涂欢.CI品牌设计使用手册[M].北京:中国建筑工业出版社,2014.
[5] 陈楠.标志与视觉识别系统设计基础[M].沈阳:辽宁美术出版社,2013.
[6] 王受之.世界现代平面设计史[M].北京:新世纪出版社,1998.
[7] 松浦康平.亚洲的书籍、文字与设计[M].北京:生活·读书·新知三联书店,2006.
[8] 艾丽娜·惠勒.企业形象CI设计全书:从视觉识别设计到品牌建立的超级指南[M].张玉花,王树良,译.上海:上海人民美术出版社,2021.
[9] 林家阳.设计创新与教育[M].北京:生活·读书·新知三联书店,2002.
[10] 日经设计.设计的细节[M].甘菁菁,译.北京:人民邮电出版社,2006.
[11] 马丽.企业形象识别系统:CIS设计[M].成都:西南财经大学出版社,2019.
[12] 胡晓琛."设计师+"斯坦福D.school模式的设计创新教育[J].艺术教育,2015.
[13] 靳埭强.品牌设计100+1[M].北京:北京大学出版社,2017.
[14] 伊万·谢梅耶夫,等.品牌标志设计[M].黎名蔚,译.北京:北京美术摄影出版社,2008.
[15] 善本出版有限公司.LOGO百年[M].武汉:华中科技大学出版社,2013.
[16] 李默.品牌设计[M].重庆:西南师范大学出版社,2017.
[17] 孙芳.品牌形象设计手册[M].北京:清华大学出版社,2017.
[18] 陈绍雪.标志解构——全球创意标志设计与品牌塑造[M].北京:北京美术摄影出版社,2015.
[19] 马克·高贝.品牌大设计[M].薛江,译.北京:中央编译出版社,2014.
[20] 田中一光.设计的觉醒[M].桂林:广西师范大学出版社,2009.
[21] 原研哉.设计中的设计[M].桂林:广西师范大学出版社,2010.
[22] 楼正国.品牌与CI设计[M].石家庄:河北美术出版社,2016.
[23] 胡越.企业形象策划[M].上海:上海财经大学出版社,2021.
[24] 戴维·阿克,王宁子.品牌大师[M].陈倩,译.北京:中信出版社,2017.
[25] 余斌浩.VI设计教程[M].杭州:浙江人民美术出版社,2009.
[26] 艾丽娜.惠勒.品牌识别设计给整个品牌化团队的重要指南[M].高杨,译.北京:电子工业出版社,2016.
[27] 徐扬,张如画,王莉.VI设计[M].长春:东北师范大学出版社..,2013.
[28] 苏勇,史建勇.品牌管理[M].北京:机械工业出版社,2021.
[29] 陆原.CI策划与设计[M].南京:南京师范大学出版社,2021.
[30] 肖轶文.CIS设计[M].北京:中国轻工业出版社,2021.

参考网站

[1] 中国广告网,http://www.cnad.com
[2] 设计在线.中国,http://www.dolcn.com
[3] 视觉中国,http://shijue,me/homes
[4] 设计之家,http://www.sj33.cn
[5] 杂时代.http://www.zatime.coms

[6] 视觉 me,http://www.shijue.me
[7] 百度,http://www.baidu.com
[8] 标志情报局,https://www.logonews.cn
[9] 花瓣网,http://huaban.com
[10] 站酷网,https://www.zcool.com.cn
[11] Logo 圈,http://www.logoquan.com
[12] 个人图书馆 http://www.360doc.com
[13] 豆丁网 http://www.docin.com